Messages de conversion des cœurs données par Jésus-Christ à Françoise

Messages de conversion des cœurs

donnés par Jésus-Christ à Françoise

Editions du Parvis
CH-1648 Hauteville/Suisse

De la même source:

«Jésus revient dans sa Gloire», par Françoise
Editions Hovine, 1997

EDITIONS DU PARVIS
CH-1648 HAUTEVILLE/SUISSE

Envois postaux dans tous les pays

Imprimé en Suisse

ISBN 2-88022-092-0

Avant-propos

Chaque fois qu'un pays ou une société est en péril, Dieu s'adresse à ses créatures pour prodiguer ses avertissements, indiquer la route, appeler au repentir. Les prophéties de l'Ancien Testament sont ces «voix de Dieu» que notre époque refuse... et ces prophètes étaient lapidés. L'homme n'a jamais aimé que l'on intervienne dans son confort. Dieu n'a jamais eu droit, pour la grande majorité des hommes, qu'à son Ciel. C'est là-haut qu'il doit être confiné, prisonnier de la liberté qu'il nous a donnée.

Mais Dieu ne peut, en aucun cas, laisser sa créature aux mains de l'Ennemi. Or, de nos jours, le merveilleux prend le pas sur la foi et la remplace. La crédibilité fait courir les foules parce qu'on a oublié que Jésus était réellement présent au Tabernacle. Les lieux d'Apparitions dans lesquels la Vierge Marie vient si souvent nous appeler à la conversion et à la pénitence ne nous sont donnés que pour confirmer l'Evangile. Y courir ne sert strictement à rien si l'on ne met pas en pratique — concrètement — cet appel à la conversion. Le but de chaque apparition est de nous ramener tous au bercail et pas seulement quelques privilégiés qui auront les moyens de se rendre sur les lieux... Un pèlerinage n'est pas un voyage touristique.

A côté des Apparitions proprement dites, ces manifestations du Seigneur ou de sa Sainte Mère aux yeux extasiés de quelques âmes privilégiées, il y a un autre phénomène mystique: les locutions intérieures, c'est-à-dire que l'âme choisie par Dieu entend directement dans son esprit des paroles substantielles. C'est comme si quelqu'un nous parlait et que nous entendions la substance de son discours directement dans notre intelligence sans la médiation de l'ouïe. L'âme qui a le privilège d'entendre ces paroles qui viennent d'En-Haut directement dans son intelligence a la même réaction que quelqu'un qui écouterait parler une autre personne. Elle doit écouter et comprendre les phrases qui sont prononcées à mesure qu'elles lui parviennent. La compréhension du sens de ce qui est dit arrive tout naturellement à la fin de la phrase ou du discours.

Sur ce phénomène des locutions intérieures peut se greffer un autre phénomène, celui de l'écriture guidée… La main écrit les phrases les unes après les autres comme si elle était guidée par quelqu'un d'autre. Le scripteur peut parfaitement ne pas savoir comment se terminera la phrase qu'il a commencé à écrire. Il est à remarquer que dans de tels textes, le graphisme est généralement très beau, sensiblement différent de l'écriture ordinaire, et qu'il n'y a pas d'erreur d'orthographe, de syntaxe ou de concordance des temps. Quand le ciel parle, il sait ce qu'il convient de dire!

Les textes reçus par «Françoise» sont de cet ordre-là. Elle entend «dans son intelligence» les mots que prononce le Seigneur et la main est guidée par le Seigneur lui-même. Loin de nous cependant de penser qu'elle en est, du même coup, totalement satisfaite! Le doute s'installe en elle, et elle se trouve en proie aux doutes les plus cruels… ce qui veut dire que l'Ennemi n'est pas content et qu'il fait tout pour semer le trouble. La grâce sacerdotale de son Père Spirituel qui lui permet de discerner les éventuels «dérapages» doit être le garant de la provenance céleste de ces Messages.

A la fin du 19e siècle, une mère de famille, Edith Royer, reçut ainsi les confidences de Jésus qui lui manifestait l'ardent amour dont son Cœur Sacré brûlait pour l'humanité. Ses Messages furent reconnus par l'Evêque de Dijon de l'époque, car elle habitait dans la région de Montbard, en Côte d'Or, et par le Cardinal Guibert, Archevêque de Paris. Le Seigneur lui demanda de fonder une Association de «Prière et Pénitence» et de la fixer «à la Basilique du Vœu National qui se bâtit à Paris» pour reprendre les termes mêmes du Seigneur. Ce qui signifie que cette Basilique du Sacré-Cœur qui domine Paris, a été expressément voulue par le Christ lui-même.

Le mouvement existe toujours, répandu maintenant dans les cinq continents. Et c'est à cette association pieuse que Jésus adresse les pages que nous présentons: «Ces messages — disait le Seigneur — Je les ai écrits pour la Fraternité de "Prière et Pénitence" de la Basilique de Mon Cœur Sacré, à Montmartre, à Paris. Cette Fraternité, Je la désire grande et puissante d'amour. Elle est connue déjà dans de nombreux pays et Je la rendrai beaucoup plus grande encore…»

Ces Messages sont un appel à la conversion. Nul doute que si nous acceptons d'entrer dans ce chemin, un peu ardu, qui nous est proposé, nous ne tardions pas à gravir, un à un, les échelons de la sainteté.

Ces pages ont été écrites par Jésus. Ces Messages n'ajoutent rien — et ne peuvent d'ailleurs rien ajouter — au Donné Révélé. Mais en ce temps qui est notre temps, c'est sans doute un ultime appel que Jésus nous adresse dans sa Miséricorde avant que ne s'exerce, douloureusement, hélas! sa Justice et que nous comprenions enfin l'urgente nécessité de courir vers la source et le but de notre vie ici-bas, le Cœur de Jésus.

Le Père spirituel de «Françoise»

Préface

Jeudi 5 septembre 1996

Jésus le Christ te dicte la préface de l'œuvre: «*Messages de conversion des cœurs*»: ce sera le titre que Je désire donner aux messages de «prière et pénitence».

Puis, en préface, tu écris ceci: Je te dicte…

Je donne ces messages au monde, Moi, Jésus-Christ, en signe de Ma tendresse infinie, tendresse destinée à chaque âme qui désire vivre en Moi.

A cette âme qui Me lira avec son cœur, Je donnerai la vie; Je lui signifierai Ma volonté dans mon Amour pour elle.

Ces messages, Je les ai écrits et dictés pour la fraternité de «Prière et Pénitence» de la basilique de Mon Cœur Sacré, à Montmartre, Paris. Cette fraternité, Je la désire grande et puissante d'amour. Elle est connue déjà dans de nombreux pays, et Je la rendrai beaucoup plus grande encore.

Je désire que chaque âme, que J'appellerai au plus profond de son cœur, lorsqu'elle lira ces messages, «entre» *avec son cœur* dans cette archiconfrérie de «Prière et Pénitence».

Ce n'est pas une adhésion «de forme» que Je désire, mais une adhésion de cœur. Tous ne se sentiront pas appelés, car chacun a sa mission.

Cependant Mes Messages profiteront à chacun de ceux qui Me liront avec bonne volonté.

Je vous bénis.

Jésus-Christ

Samedi 14 octobre 1995

Jésus te dicte: Je vous donne ces messages de conversion des cœurs, à vous, membres de la Fraternité de Prière et Pénitence, afin que vous appreniez à connaître votre Dieu Amour, en la tendresse exclusive qu'Il a pour chacun d'entre vous.

Que ces messages soient pour vous source de joie et de paix profondes, afin que vous compreniez ainsi l'urgence de réparer le péché par l'amour.

«Prière et Pénitence» est une œuvre que Je destine, Moi, Jésus le Christ, au salut du monde. Mais pour que vous M'aidiez à racheter, à sauver, J'ai besoin avant tout de l'union intime de votre cœur avec le Mien.

Si vous n'avez le cœur en Moi, le Christ, si vous n'êtes pas amoureux de Mon Cœur Sacré, vous ne pouvez offrir parfaitement ni prières ni pénitences.

Mon désir est que vous compreniez, à travers ces messages, que Je désire de vous un cœur qui brûle d'amour, et ce, avant quelque sacrifice ou pénitence.

La prière, la pénitence sont des moyens pour vous unir à Dieu profondément, lorsque le cœur brûle déjà du désir de Jésus que Je suis.

Mais la prière et la pénitence données sans la passion que Je vous demande pour votre Créateur, sont vaines...

Je vous élèverai dans Mon Amour, pour peu que vous le désiriez; Je vous ferai connaître les trésors de Mon Cœur Sacré pourvu que vous Me laissiez enflammer votre cœur du désir de Dieu.

Mes messages vous sont donnés par amour d'une petite âme que J'ai élevée pour Me servir, en vous aidant à Me comprendre.

Que chacun laisse entrer Mes paroles en son cœur avec amour, et Je marquerai ce cœur avec les paroles de vie que Je lui destine.

Je vous bénis.

Jésus

Message de conversion des cœurs
Fraternité de Prière et Pénitence

Dicté le mardi 23 mai 1995

Quand le cœur reste ouvert à la grâce, Je viens, Moi, le Christ, et J'y fais Ma demeure.

Si tu as le désir de Me servir, Moi J'ai celui de te nourrir de Mon Amour.

Si tu as «très faim», appelle-Moi très fort: Je viens toujours à toi.

Si tu désires vivre en Moi, ton Dieu, Je t'enserre de Mes Bras Divins et Je t'apprends à connaître la passion du Créateur pour Sa créature.

Si tu savais les merveilles de grâces qui te sont destinées, pourvu que tu aies le cœur en Moi, tu fondrais…

Quand le cœur s'ouvre à la grâce, l'homme renaît: il revit et devient heureux…, mais pour cela, il faut un cœur d'enfant, tout simple…: c'est tout mais c'est beaucoup.

Jésus

Dicté le jeudi 25 mai 1995

Lorsque le Ciel se penche sur la terre pour sauver les hommes, c'est que quelque chose ne va pas.

Le mal sévit partout où l'homme l'accepte, et en ce moment où vous vivez, il l'accepte beaucoup…, tellement que la colère de Dieu serait déjà là s'il ne se trouvait des âmes saintes pour l'apaiser.

Ces âmes acceptent de racheter le péché pour l'amour; elles acceptent de porter de petites croix afin de M'aider à sauvegarder l'humanité en péril.

Ces âmes, Je les veux saintes, au sein de la fraternité de «Prière et Pénitence»: Je désire qu'elles obéissent au souffle de l'Esprit que Je pose sur elles pour les guider en ce que Je leur demande.

J'ai sur chaque âme un dessein particulier; mais pour qu'elle Me comprenne, J'ai besoin qu'elle Me livre son cœur, de toutes ses forces, et tel qu'il est. Car Je ne saurais utiliser des sacrifices donnés sans amour…

Ce n'est pas de votre souffrance dont J'ai besoin, mais de votre amour. Si la souffrance acceptée avec le cœur Me plaît, c'est parce qu'elle Me permet d'unir intimement Ma Créature à Moi-même, le Christ.

Je n'ai que faire d'une souffrance que vous vous imposez si vous ne vous sentez pas unis davantage à Moi en la portant.

Comment vous sentir unis à votre Christ lors de vos pénitences? En Me désirant, Moi, qui Suis, avant toute souffrance. C'est vivre avec Moi que vous devez désirer, comme cette âme qui écrit Mes paroles: vous devez désirer votre Christ au point de ne plus vouloir le quitter une seule seconde: vous devez «rêver» de Mon Amour, comprenant que c'est le bonheur éternel que Je vous propose.

Alors seulement, vous comprendrez le sens du mot «pénitence». Vous comprendrez qu'il ne s'agit plus de se priver pour avoir mal, mais qu'il s'agit d'aimer pour comprendre que les pénitences que je vous propose sont de véritables «cadeaux d'Amour de Dieu», comme Me l'a dit cette âme qui écrit pour Moi, alors que Je lui demandais trois «sévères» pénitences à porter sa vie durant.

Le ressentez-vous, Mon Amour, pendant ces jours où vous avez décidé de «faire pénitence» pour Moi? Si vous ne le ressentez pas, c'est que vous n'avez pas assez soif de Moi.

Vous devriez faire ainsi que cette âme que Je vous envoie et qui a osé faire un «marché» avec son Dieu; elle M'a dit ceci: «je n'aime pas la pénitence car cela Me fait peur et Me déplaît, mais si Tu me donnes tout Ton Amour infini pour moi, toute Ta tendresse dont j'ai tant besoin, je porterai le monde si Tu le désires…»

Alors Je l'ai exaucée, et Je l'exaucerai davantage encore, lui donnant Mon Amour merveilleux qu'elle désire tant. Et alors elle M'a dit: «Les pénitences que Tu me proposes sont de véritables cadeaux d'Amour.»

C'est cela que Je désire que vous compreniez: la pénitence est un moyen d'élever votre âme vers Moi, le Christ, dès lors que vous désirez Mon Amour: car alors Je me fonds en vous et vous unis étroitement à Mon Sacré Cœur.

Vous devez avoir la foi en Mes paroles, et Me prier de vous donner le désir de Dieu tel que Je le souhaite: alors vous comprendrez comment l'union du Créateur avec Sa créature peut racheter le monde en péril.

Je vous aime et vous bénis.

Jésus le Christ

Dicté le lundi 29 mai 1995

Sais-tu ce qu'est la tendresse humaine? Elle est une infime partie de la tendresse Divine. Dès lors, tu ne dois pas penser que tu M'offenses lorsque tu embrasses le crucifix que Je t'ai donné. Sais-tu ce que représente pour moi, le Christ, cet acte de tendresse?

Eh bien c'est le souhait que J'ai de chaque âme sur cette terre...: qu'elle Me manifeste son amour pour Moi aussi tendrement que tu le fais.

Pourquoi crois-tu toujours Me déplaire lorsque tu Me donnes ta tendresse ainsi. C'est parce que tu n'as pas l'habitude de voir des élans passionnés des âmes envers Moi, alors tu te dis: «ce ne doit pas être assez respectueux»...

Sais-tu donc, pauvre enfant, combien le Christ a besoin de l'amour des enfants, combien Je désire la tendresse que ton cœur aspire à Me donner? Sais-tu combien J'ai horreur des actes de piété tièdes et machinaux? Sais-tu combien Je «vomis» ceux qui disent m'aimer et ne Me donnent que tiédeur sous une ferveur apparente?

Comprends donc combien Je peux Me réjouir lorsque Je sens une âme baiser Mon crucifix avec amour, pour Moi, pour Me faire plaisir uniquement, gratuitement. Comprends-tu?

Que dirais-tu d'un Dieu «cérébral» et sans tendresse? D'un Dieu infiniment intelligent, maître de l'Univers, mais sans Amour parfait? Non, tu ne L'aimerais pas, et tu aurais raison.

Dieu est Amour, et cet Amour est tellement incompris... Les hommes ont voulu rationaliser Mon Amour, et le détruire ainsi.

Si le Dieu que Je Suis et que tu as connu dans ton enfance par les paroles que tu as entendues te paraissait «compliqué et loin», c'est bien que les hommes ont éclipsé Mon Amour. Me présentant tel que Je ne suis pas.

A toi, Je dis ceci, petite âme: tu Me réjouis lorsque tu Me donnes ton cœur aussi fort... Oui, Je t'ai donné la grâce de M'aimer ainsi, et Je la donne à chacun de ceux qui la désirent de tout leur cœur.

Je vais t'expliquer... car Je te vois douter de Mes paroles...

Tu penses que «tout le monde» a le désir de ressentir Mon Amour?

Je te réponds: non, pas assez.

Tu penses que Je ne donne pas Ma présence d'Amour à quiconque Me la demande?

Je te réponds: Je donne à chacun selon son cœur. Dois-tu en déduire que de belles âmes manquent de cœur? Non, mais ces belles âmes auxquelles tu penses, et qui sont belles effectivement, sont Miennes différemment: elles Me donnent le cœur que Je désire d'elles et Me servent de leur mieux ainsi.

Tu Me dis: «elles voudraient bien Ta Présence, Seigneur»... Je te dis: certes, mais ce n'est pas le désir premier que J'ai mis en leur cœur. J'en ai mis un autre (en ce qui concerne ces âmes saintes auxquelles tu penses), et de ce fait, elles ressentent moins Ma Présence tout en Me sachant là, au plus près de leur cœur.

Mais en toi, J'ai mis le désir profond de Ma tendresse vivifiante: c'est le désir premier que Je t'ai donné. Et ce désir-là Me réjouit en toi.

A d'autres, Je demande autre chose: à chacun selon son âme... Mais, pour en revenir à Mon désir de tendresse chez les hommes, Je te dis: chaque âme a le devoir de Me regarder avec un cœur vrai, entièrement tourné vers Moi... Chacun Me la doit, cette tendresse, s'il désire M'aimer.

Toi, tu embrasses ton chapelet! D'autres Me donneront autre chose, selon leur cœur; mais comprends bien que Je désire vraiment cette tendresse humaine que J'ai donnée aux hommes pour qu'ils aiment.

Si l'homme ne désire pas Me donner tout son cœur comme un enfant, humblement, Je ne peux rien en lui... saisis-tu? Je propose Mes grâces divines, mais l'homme est libre de choisir...

Et Je te dis encore: Je désire que l'homme Me demande la tendresse que Je lui destine, de tout son cœur, et Je répondrai, toujours, en Mon temps qui sera le meilleur pour l'âme.

Jésus, le Christ, Fils de Dieu et de Marie

Dicté le mardi 30 mai 1995

Si tu le désires, J'utiliserai le nom de ton baptême, ici: «Françoise»; ceci pour te donner ce message où Je désire te parler du «moi».

Tu me demandais tout à l'heure si le «moi» était toujours mauvais.

Eh bien non, il ne l'est pas lorsque le Christ que Je suis vit en toi, car alors Je t'unis à Moi.

Il l'est lorsque le démon s'empare de ce «moi» pour l'attirer dans le péché.

Le «moi» «seul» n'existe pas: toi, Françoise, tu vis en Moi, le Christ, parce que tu as choisi de M'aimer. Alors, peu à peu, J'extirpe tout ce qui Me chagrine en toi.

As-tu peur que Je vive «tout seul» en toi et que tu n'aies plus le droit de ne rien dire?!!

Alors je vais t'expliquer! Car tu Me fais sourire... L'âme a le choix entre le bien ou le mal; en cela, elle est libre d'être heureuse ou malheureuse: si elle choisit de vivre en Dieu, elle se donne à Moi, de tout son cœur pour que je lui apporte le bonheur: c'est elle qui choisit cela, ce n'est pas Moi qui lui impose!

Alors comprends que lorsque l'âme a le désir de vivre en Dieu, Je l'unis entièrement à Moi, le Christ, dans Mon Sacré Cœur, car elle souhaite cela: aimer et être aimée = vivre en Dieu.

Et tu Me dis: «que fais-je, alors, si c'est Toi, Jésus, qui vis en moi? Je n'ai plus à exister?» !!! Alors Je te dis: si la créature humaine n'existait pas, Je ne M'unirais pas aussi fort à elle, et je ne serais pas mort sur la Croix pour la sauver.

Alors? Eh bien écoute: lorsque le Créateur a créé l'âme, Il l'a faite avec le désir infini de l'aimer, en la rendant sublime de par son union avec Lui-même.

Pourquoi le Créateur éternel a-t-Il «besoin» de l'âme à ce point? Parce que l'âme est une merveille, vraiment. L'âme est d'essence divine; elle est riche de tout ce que Je lui ai donné comme nuances, la rendant distincte de tout autre au monde.

L'âme est la perle de la création.

L'âme, c'est le désir d'aimer, propre à chacune. Dieu est Amour: en créant l'âme, Il a créé le désir d'aimer avec d'infinies nuances, en chaque être.

Quand l'âme se «rend compte» de ce qu'elle est (une merveille créée pour l'amour), elle désire s'unir à Celui qui lui a donné d'être si belle. Elle désire l'union intime avec Dieu afin de devenir, de par sa liberté, ce pourquoi Il l'a créée. En étant unie à Dieu, en Lui, elle découvre le bonheur éternel.

Le «moi» de l'âme n'est donc que la liberté de l'être humain. Si toi, Françoise, tu choisis de vivre en Jésus-Christ que Je Suis, ton «moi» devient un avec «le mien» qui *est*, car ton âme «s'installe» alors dans sa source, qui est Dieu.

Si l'âme ne désire pas retrouver Dieu — puisqu'elle est libre —, c'est qu'elle se donne à Satan qui la tente et essaie de l'attraper. Et à ce moment-là, son «moi» se développe dans l'égoïsme, la solitude, l'orgueil: en bref, tout ce qui vient de Satan. Ce «moi»-là devient union avec le mal. Ce n'est donc encore pas un «moi» propre à l'être.

Tout ce que tu penses, dis, ou fais, vient de Dieu ou de Satan; rien ne vient de toi seulement, comprends-tu? Par contre, ton âme, avec ses nuances propres, «accommode» ce qu'elle reçoit et accepte, et c'est ce qui fait sa beauté merveilleuse lorsqu'elle veut vivre en Dieu, ou sa laideur si terrible lorsqu'elle accepte le démon.

L'âme: c'est le désir d'aimer. Lorsque ce désir n'est plus, l'âme est morte.

Le «moi», c'est ta liberté de choix avec les nuances merveilleuses que le Créateur t'a données.

Voilà! C'est tout et c'est beaucoup, ce que Je t'ai dit aujourd'hui.

Je t'aime et te bénis.

Jésus le Christ

Dicté le mardi 30 mai 1995

Je désire te parler ici de la pénitence.

Tu M'as dit l'autre jour que tu désirais «te rendre compte» que tu m'offrais ces pénitences que je t'ai demandées et que tu désirais être unie très fort à Moi «en ces moments», et tu M'as dit éprouver le besoin de comprendre le pourquoi de ces désirs que J'ai mis en toi, Moi, le Seigneur ton Dieu.

Alors Je t'explique.

J'ai mis en toi le désir d'être unie davantage au Christ que Je Suis, en t'associant à Mes souffrances.

Ton âme est heureuse — sans que tu le saches vraiment! — de porter ces pénitences pour M'aider à sauver le monde. Et si tu ne doutais pas de la réalité du rachat des péchés par ces pénitences, tu serais plus heureuse.

Mais le démon te les fait oublier, ces pénitences, et c'est pourquoi tu Me «réclames» des explications. Il te les fait oublier — même si tu les vis — de manière à t'empêcher de Me les offrir et ainsi t'empêcher d'être heureuse de t'unir à Moi de cette façon.

Tu ne le savais pas...; Moi Je le savais, et J'ai attendu que ton âme Me demande du secours pour t'expliquer cela.

Je désire que tu saches que les pénitences offertes avec le cœur — c'est-à-dire en désirant être unie à Moi — Me sont nécessaires pour racheter les pécheurs. Je te l'ai déjà dit, oui... Ce que Je désire te dire, c'est qu'il ne suffit pas de vouloir faire pénitence: il faut aussi les «assumer», ces pénitences, c'est-à-dire les vivre sans les oublier comme cela arrive lorsque l'on s'y habitue.

Ton âme a bien senti cela, lorsque tu M'as dit: «J'ai l'impression que ce ne sont pas des pénitences.» C'est vrai, car la joie de Me les offrir comme au premier jour était partie de toi.

Qu'allons-nous faire?!!! Eh bien, comme tu es honnête et très têtue, tu vas Me dire: «Seigneur Jésus, cela m'ennuie de faire pénitence si je ne ressens pas la joie et l'Amour en même temps.» N'est-ce pas vrai, enfant...?

Alors Je vais te dire: demande-Moi tout l'Amour que tu désires que Je mette en toi pour ces pénitences: Je te le donnerai.

Je crois que Je vais t'offrir ce que tu Me demandes, et tu seras heureuse ainsi, et Moi aussi, car les pénitences sont des offrandes d'amour à Dieu qui te les propose par Amour pour t'élever vers Lui et pour que tu sois toute à Lui.

L'âme amoureuse est heureuse d'offrir son amour à Dieu, en participant par ses souffrances modérées à la Passion du Christ, elle s'élève dans l'Amour, en permettant ainsi à d'autres âmes de renaître en Moi.

Lorsque Je reçois de l'amour d'une âme, Je le fais retomber en pluie bienfaisante sur l'humanité.

Lorsqu'une âme désire très fort s'unir à Moi et en Moi, elle souhaite M'offrir tout son amour; et si elle sait que son Christ que Je suis pleure par soif des âmes, elle n'hésite pas à partager Ma souffrance en Me donnant son aide par ces pénitences qui sont au-delà de la souffrance, moyen de vivre plus pleinement en Moi.

Tu as le désir de t'unir plus pleinement à Moi, enfant: voilà pourquoi tu Me demandes si fort Mon Amour pour réaliser que tu fais pénitence...

Je vais te dire quelque chose: tu es très têtue, mais lorsque tu utilises cette «nature» pour Me demander davantage d'Amour, cela devient une qualité!

Crois-tu que tu pourrais M'adorer si Je ne te répondais pas par Mon Amour? Non, tu en serais incapable. Tu as besoin de Mon Amour pour vivre... Ce n'est pas grave, tu sais? Je te le donne.

Tu as le désir de porter un peu pour Moi parce que tu as ressenti Mon Amour. Et tu porteras toute la vie sur terre ce que Je te demanderai parce que tu ressentiras Mon Amour.

Lorsque tu entends dire: «il ne faut pas vivre de consolations divines», cela signifie: tu ne dois pas t'arrêter à recevoir: tu dois désirer donner. Mais J'ai mis en toi le désir de M'adorer: et lorsque tu M'aimes autant, Je réponds toujours en te donnant Mon Amour: Je ne peux M'en empêcher: tu es trop enfant…

Alors ne t'inquiète plus et vis avec les «consolations» que Je t'apporte qui sont en fait Mon désir de te donner Ma tendresse en échange de tout ce que tu Me donnes et Me donneras.

Lorsque Dieu partage avec une âme, Il partage tout: joie et souffrance. Ne crains donc plus ce que tu as mal compris.

Vois-tu? lorsque tu t'abandonnes, Je Me repose en toi. Je peux alors te communiquer le désir de vivre en Moi de tout ton cœur. Je ne peux le faire que dans l'âme qui Me désire et Me laisse libre d'agir en elle.

Te rappelles-tu ce que tu Me disais au sujet des pénitences? «Cela Me déplaît fortement», M'as-tu dit… Je t'ai proposé parce que tu M'aimes. Eh bien, Dieu peut tout, vois-tu…

Je ne demande à l'âme que ce qu'elle peut porter. Lorsque Ma Mère bien-aimée Marie demande au monde de faire pénitence, Elle demande d'abord de convertir vos cœurs, c'est-à-dire de les ouvrir à la grâce Divine afin d'apprendre à aimer. Alors seulement vous pouvez faire pénitence par amour. Il est bien certain que l'âme entreprenant de faire pénitence sans avoir le cœur prêt pour cela court à l'échec.

D'abord le cœur, enfant…, toujours le cœur… Et le reste vient ensuite, facilement et dans la joie.

Demandez un cœur qui aime…

Cela, tu l'as compris, enfant; tu n'as d'ailleurs compris que cela: aimer et être aimée… Cela Me suffit. Que tu sois faible et fragile, peu M'importe vraiment… Avec le désir de Dieu qui est en toi, Je ferai des merveilles…

Vois-tu: la pénitence, la prière, la confession, l'Eucharistie, tout cela ne peut donner vie à l'âme que si elle a le désir d'aimer: désir intense et passionné.

Priez pour avoir la grâce de désirer l'Amour.

Si vous ne désirez pas l'Amour, vous ne pouvez rien.

Aimer et être aimé: tout cela est compris dans Mon Amour; alors si c'est ton rêve, petite âme, sois heureuse, vraiment, car Je te donnerai tout cela; cela s'appelle:

Vivre en Dieu.

Jésus le Christ

Dicté le mercredi 31 mai 1995

J'ai mis en toi le Christ que Je Suis. Je suis entré dans ton cœur et c'est pourquoi tu éprouves le besoin de la pénitence pour le rachat des pécheurs et par amour pour Moi en premier lieu.

Ce pourquoi je souhaite cela en toi, Je vais te l'expliquer car tu n'as pas compris encore la valeur de la pénitence.

Ecoute: Je sais que tu ne désires pas t'agenouiller devant Ma Sainte Face si tu n'éprouves pas assez d'amour en ton cœur pour le faire en M'adorant. Cela, c'est Moi, le Christ, qui te le donne aussi: gloire au Fils de l'Homme, Jésus ressuscité: c'est Moi, le Christ qui te donne ce message en entier; alors ne crains pas.

Je ne désire pas de toi des actes que tu Me donnerais sans l'amour que Je souhaite dans ton cœur. C'est ainsi: ce que J'accepte chez d'autres, Je ne l'accepte pas chez toi. Tu en es heureuse?!! Tu te dis: «cela tombe bien car je ne veux rien faire sans adorer!» Alors Je te dis: sois heureuse car c'est Ma volonté pour toi.

«Mais, Me dis-tu… comment faire pénitence puisque Tu ne m'as encore pas donné l'amour pour Toi que je T'ai demandé hier…» Car ton cœur réclame de faire pénitence.

Alors Je vais faire ceci: te donner tant d'Amour pour M'offrir ces pénitences que Je désire de toi, que tu ne t'esquiveras plus en Me disant: «je n'ai pas assez d'amour.»

Mais tu sais, Je vais sourire et toi aussi, car tu n'as pas encore compris que ce que ton cœur réclame avec tant d'insistance, c'est ce que Je désire aussi en toi.

Ecoute: Je vais t'expliquer ce que signifie «faire pénitence», le désires-tu?

Cela signifie offrir au Seigneur ton Dieu quelque chose qui coûte à la nature humaine, mais qui est bon pour l'âme puisqu'elle Me rejoint ainsi pendant l'acte de pénitence en ressentant davantage Mon Amour pour elle.

Tu Me dis: «les pénitences que Tu M'as demandées, Seigneur, ne me coûtent pas, au contraire!» Eh bien Je te réponds ceci: la nature humaine a laissé la place à l'âme, en toi.

La souffrance te fait horreur? A Moi aussi… Je n'aime que l'amour que Me donne l'âme pendant qu'elle souffre dans sa nature.

Comprends ceci: si ton âme a pris le pas sur ta nature et que tu es heureuse de faire ces pénitences pour Moi, c'est que tu as compris que pénitence n'est pas souffrance mais joie de s'unir ainsi à ton Dieu.

Je te demande ce que tu peux Me donner, enfant… Comprends ceci: les actes de pénitence «offerts» sans amour Me font horreur. Je te le demande: ne M'offre jamais ces pénitences sans amour. Je sais que cela te répugne à toi aussi sans que tu saches pourquoi…

Enfant, tu es enfant…

Qu'as-tu à Me demander…? Tu désires savoir à quel point la pénitence peut Me «faire plaisir»? C'est l'amour que tu Me donnes en faisant pénitence qui Me rend heureux.

Les actes de pénitence que Je demande servent à l'union intime de la créature avec son Créateur. Ils sont «dépassement» de la nature, c'est tout.

Enfant, comprendras-tu le bonheur que J'éprouve lorsque l'âme désire abandonner sa nature pour ne vivre qu'en Moi? Comprendras-tu enfin la passion du Créateur envers Sa créature?

Je vais te dire ceci: lorsque Je t'ai créée, J'ai eu tant de prédilection pour toi que J'ai décidé que J'unirais ta vie à Moi, le Christ, avant l'heure de ta mort. Je t'ai trouvée enfin, et tu M'as reconnu, après ces longues années.

La prédilection du Créateur pour Ses âmes... Je t'en parlerai une autre fois, mais tu peux croire cela: J'ai une prédilection pour certaines âmes; Je Me donne davantage à elles, même si J'aime infiniment toute âme...

Non, enfant, les âmes qui ne sont pas Mes âmes de prédilection n'ont pas à être tristes: J'aime la plus petite d'entre elles au point que tu ne saurais imaginer; Je redonnerais Ma vie pour l'âme la plus pécheresse si Je le pouvais, tant Je l'aime...

Ce sont les Mystères du Créateur, ces prédilections; mais tu sais, les âmes de Mes saints peuvent être bien plus belles par leur sainteté acquise — que les âmes que Je «préfère». Et Mes âmes favorites peuvent ne jamais répondre à Mes appels... Vois-tu? Mystère de l'Amour infini... Retiens ceci: lorsque tu t'abandonnes à la grâce de Dieu, rien ne peut arrêter Mes élans vers toi pour te faire vivre en Moi.

Lorsque tu fais pénitence, à présent, unis-toi à Moi, ton Christ ressuscité; Je te demande de M'adorer. Je t'appellerai, dorénavant, et tu comprendras...

Et ainsi, par cette union de l'âme qui demande à s'élever avec Moi, Jésus-Christ, nous sauverons des âmes qui n'ont pas ce désir que J'ai mis en toi: aimer.

Viens à Moi lorsque Je t'appellerai. Tu le sentiras, maintenant.

Jésus, fils de Dieu et de Marie

Dicté le mercredi 31 mai 1995

Jésus, le Christ, Fils de Dieu et de Marie, te dicte:

Désires-tu souffrir pour Moi?

«Je ne sais pas», Me dis-tu…

Alors Je t'explique ce qu'est la souffrance portée avec le Christ que Je Suis.

As-tu le désir de t'unir aussi complètement que Je le désire, à Moi, ton Créateur et Sauveur? Pour cela, Je désire te donner Mes souffrances à partager… Lesquelles? Outre celles qui t'attendent dans ta mission et qui sont la haine et la cruauté des gens qui Me refuseront en ce que Je leur dirai par ta bouche, il y a les souffrances de Ma Passion, que Je désire partager avec toi. Ce sont les souffrances que Je permets pour toi chaque jour que Je fais, et que représentent les petits ennuis quotidiens de chacun.

Ces souffrances-là sont le lot de chaque âme, et dues aux péchés du monde. Je les ai subies, Moi, Dieu fait homme, pour vous, d'une manière inconcevable…

Quand Je te demande de partager Mes souffrances, cela signifie: désires-tu t'unir à Moi dans ce qui te fait mal chaque jour, comme Je M'unissais au Père pour avoir la force de porter le salut du monde…

Pour cela, tu dois aimer et seulement aimer le Christ que Je Suis. Lorsque tu souffres, tu dois savoir et croire que Je suis là, à tes côtés et que Je t'aime infiniment et t'aide à porter ton mal en te donnant Mon Amour, et en te permettant de t'unir davantage à Moi; ainsi, l'amour qui nous unit retombe en rosée bienfaisante sur l'humanité.

Lorsque tu acceptes la souffrance quotidienne en te sachant unie et aidée en Moi, le Christ, tu souffres «pour Moi» dans le sens où tu donnes une valeur à ce que tu portes ainsi en Moi.

Si tu aimes le Christ que Je Suis, tu comprendras que Je prends part à ta souffrance, quelle qu'elle soit; Je chéris l'âme qui vient Me demander Mon Amour quand elle souffre, comme une maman chérit son enfant qui vient lui demander sa tendresse lorsqu'il s'est fait mal.

Dès lors, si tu as foi que Je désire te donner Mon Amour lorsque tu souffres, t'élevant ainsi vers Moi pour te consoler, tu n'auras plus peur de souffrir les attaques quotidiennes.

Je ne désire pas la souffrance pour toi, Mon enfant; mais ce que tu rencontres sur ton chemin — car c'est le lot de chacun —, eh bien tu dois Me l'apporter en Me disant: «Seigneur j'ai mal et je suis très fragile: console-Moi en Me donnant ton Amour»; Je désire te consoler, comprends-tu? Et cette souffrance qui te pousse à demander Mon Amour si tendre pour toi, enfant, est bonne puisqu'elle t'élève vers Moi. Comprends-tu?

Offrir ta souffrance, c'est cela: c'est Me demander le réconfort de Mon Amour; et par ce *désir d'aimer* et *d'être aimée*, Je pardonne aux pécheurs qui ne se tournent pas vers Moi.

Alors Je te redis: désires-tu, si tu souffres, venir à Moi pour que nous nous aimions très fort?

Alors Je te bénis. Tu as compris le sens de la souffrance. Non, pauvre enfant: souffrir pour Moi n'est pas demander d'avoir mal. Cela, Je ne le désire pas de toi: tu ne seras pas capable de cela que Je demande à certaines âmes. A toi Je demande de venir Me demander Ma tendresse, lorsque tu as mal: tu m'offriras ta souffrance ainsi.

La souffrance ne vient pas de Moi, enfant: pas la moindre souffrance ne vient de Moi. C'est le démon qui fait mal, et cela est permis par Moi à cause de la liberté que J'ai donnée à l'homme. Si celui-ci a choisi le mal dans ses actes, le mal (en tant que) souffrance retombe, car Satan tente et ensuite torture âmes et corps…

Je n'ai jamais donné la moindre souffrance à une âme, enfant. Je choisis certaines souffrances et en élimine d'autres pour Mes bien-aimés, mais tout cela est Mon Amour infini. Je hais la souffrance, enfant, et Je la porte avec joie avec Mes bien-aimés qui peuvent ainsi Me donner leur vie pour que Je leur donne le bonheur éternel.

Quand tu as mal, viens Me voir, et Je te dirai: Je suis là, à tes côtés: aimons-nous très fort et tu oublieras la douleur. Et par notre amour en Moi, le Christ, nous sauverons d'autres âmes de la douleur éternelle.

Je t'aime, Mon enfant…

Sais-tu que le mal — Satan — ne veut pas te laisser t'approcher de Moi, ton Dieu? Tu le sais, oui… et tu Me dis cependant: «pourquoi ne l'empêches-Tu pas de me suivre, Jésus»?

Alors Je te réponds: si tu savais à quel point je t'aime, tu comprendrais que c'est pour t'avoir plus près de Moi que Je permets ces attaques.

Je désire que tu t'unisses à Moi de toutes tes forces; elles sont faibles, ces forces… et pourtant elles Me suffisent si tu veux bien les utiliser pour Me servir en faisant les petits pas que Je te demande.

Garde ton cœur en Mon Sacré Cœur, toujours.
«Cœur Sacré de Jésus, j'ai confiance en Toi.»
Dis-Moi cela, souvent.
Je te bénis.

Jésus

Dicté le jeudi 1er juin 1995

Je sais que tu ne comprends pas toujours Mes voies, ni comment J'œuvre en toi. Ce que tu dois néanmoins comprendre, c'est que Je ne fais rien qui puisse te blesser et te faire mal.

Lorsque le malin vient mettre le trouble dans ton cœur, tu dois te mettre dans Mon Cœur, à ce moment-là, et non t'en éloigner en ayant peur de ce que Je permets comme souffrances pour toi. Tu M'as dit tout à l'heure: «Je désire Te voir, mon Dieu, et je ne sais ce qui me pousse à ce désir...»

Eh bien Je te réponds: c'est Moi, le Christ ressuscité, Fils de Dieu et de Marie, qui mets ce désir en toi, afin que tu mérites ce que Je te donnerai bientôt.

Tu as le soleil en ton cœur, pourtant, et tu ne le vois pas... Pourquoi? Eh bien parce que Je te laisse encore un peu aveugle, afin que Je te fasse Mienne comme Je l'entends.

«C'est dur», vas-tu Me dire... et Je vais te répondre: Je suis heureux que cela soit si dur, pour toi, car Je vais te donner tellement...

Je te donnerai cela un vendredi. Vendredi, c'est le jour de Ma Passion.

Sais-tu ce que «signifie» le vendredi de Ma Passion? C'est le jour où Je vous ai sauvés et Je le regarde avec Amour, ce jour, et joie, car il a été l'aboutissement de Mon Amour sur la terre. C'est le jour béni du salut du monde par Mon don total à la volonté de Mon Père: don total d'Amour... Toi, fais de même: obéis totalement à ce que Je te demande... Viens à Moi, ce jour béni où Je t'appellerai.

Quand tu seras heureuse, ce jour-là, tu comprendras à quel point Je t'aimais, en ce moment où nous écrivons ensemble. Je te forme, enfant, afin que tu sois capable de rencontrer Mon sourire sans te cacher.

N'aie pas peur. Ce ne sont pas tes péchés qui t'empêcheraient de Me regarder, car Je te purifie en tout instant où Je suis avec toi, mais ce serait le démon qui t'empêcherait d'oser Me regarder comme Je le désire. Oui, le démon... mais tu ne peux comprendre cela à présent, alors laisse...

Maintenant, Je désire que tu Me laisses te redire ceci: lorsque tu t'abandonnes à Ma volonté, Je peux tout en toi. Si tu es malheureuse parfois, à l'idée de t'abandonner à Ma volonté, sais-tu ce que Je ferai? Je te consolerai de Mon sourire Divin. Ne le désires-tu pas très fort, ce sourire? Si, tu me l'as tant demandé!

Viens en Moi, en Mon Sacré Cœur: là est ta maison; là est ton repos.

Si tu as soif de Moi à ce point, désaltère-toi en Me lisant dans ce que Je t'ai donné. Je t'aiderai...

Avec la sainte Bible, Mes écrits doivent être ta seule lecture, Ma petite âme..., le reste n'est pas pour toi.

Alors souris et comprends que Je te forme Moi-même tout Seul. Tu vois? tu n'as rien à faire d'autre que M'adorer. Je te ferai lire la Bible, bientôt...; dans un peu de temps, tu seras prête à la lire régulièrement. Je te bénis, enfant de Mon Sacré Cœur.

Jésus le Christ

Dicté le dimanche 4 juin 1995

Je Suis le Christ ressuscité, Fils de Dieu et de Marie. Si tu as faim de Moi, regarde au plus profond de ton cœur et tu trouveras comment faire.

Eh bien tu dois espérer et lutter de toutes tes forces contre le découragement devant le brouillard que Satan dépose devant tes yeux. Et alors tu Me trouveras.

Vois-tu, lorsque tu as très faim de Moi et que tu ne Me trouves pas, ne désespère pas, jamais, mais assieds-toi et attends-Moi. Je reviens te chercher avec un bouquet de fleurs pour te consoler.

Si tu as peur quand le brouillard arrive, appelle très fort: Jésus vient toujours.

Si Je Me suis fait un peu attendre, c'est pour que tu apprennes à grandir en Me recherchant.

Je sais que tu as mal lorsque Je Me cache. Mais que diras-tu lorsque Je t'aurai montré que ces brouillards ne sont que rêve et que Je suis devant toi à chaque instant? Sais-tu qu'il te suffit de ce petit souffle de foi que Je te demande pour les dissiper, et qu'ainsi tu n'auras plus peur de Mon abandon?

Ce souffle de foi, c'est ne pas te laisser endormir par les doutes que Satan met en toi. C'est comprendre que lorsque tu t'appuies sur Moi, rien ne peut t'arriver.

Je sais que tu es fragile, et Je suis là pour te relever et te dire: ces brouillards te feront grandir et ainsi tu pourras les dissiper facilement.

Quand l'orage sera passé, et cela est bientôt, Je te ferai sourire très fort.

Garde ta faim pour ton Dieu, toujours... Ainsi tu M'aides à racheter les pécheurs. Mais ne sombre pas ainsi lorsque tu deviens aveugle: attends-Moi en paix, J'arrive tout de suite: repose en Moi et Je serai là.

Que la course que Je suis allé faire pour toi soit longue, Je te l'accorde. Mais le don que Je t'apporte te consolera de ces souffrances que Je partage avec toi, Ma petite âme favorite.

Que ton repos soit dans les cœurs unis de Jésus et Marie toujours.

Jésus est tendresse, enfant, et Marie est ta Maman consolatrice, alors sois heureuse que nous t'aimions ainsi.

Jésus et Marie

Dicté mardi 6 juin 1995

Sais-tu ce que le monde où tu vis Me fait? Il M'offense si cruellement que Je désire donner Mon Pain de Vie aux petits afin de nourrir ceux qui veulent aimer.

Le monde a tellement perdu le sens du mot «amour» que Je viens, Moi, le Christ, Fils de Dieu et de la bienheureuse Vierge Marie, afin de lui apprendre à nouveau ce qu'aimer signifie.

Je donne Mes grâces à qui les accepte, enfant, et si tu t'étonnes que le monde en soit là, Je te dis: peu de Mes enfants savent que Je suis Amour; beaucoup Me donnent des actes de piété et sont sourds à Mon appel, pourtant: ils désirent offrir ces pratiques religieuses afin de Me satisfaire, mais ils ne satisfont que leur conscience, aveugle elle-même.

Je les aime, ces enfants qui Me rendent un culte, mais Je les désire dans la vérité: Je viens les éclairer car la lumière manque dans Mes pasteurs, et de ce fait, l'humanité s'enlise.

Quand J'aurai affamé ce peuple en laissant le mal retomber sur lui comme il l'a désiré, Je viendrai et ferai justice. Et cependant, J'aurai converti beaucoup d'âmes avant ce jour terrible.

Par la foi de Mes petits, Je sauverai de la perdition des âmes enténébrées dans le mal: elles sauront que Dieu est et Me rendront hommage comme il se doit.

Dans peu de temps, à présent, Je communiquerai feu et flamme à tous ceux qui veulent être rachetés. Je leur donnerai une force nouvelle qui s'appelle foi et amour.

Et alors, Je vaincrai et le mal s'en ira, dans les profondeurs de l'enfer.

Quand le blé sera trié, et il le sera bientôt, Je viendrai et saccagerai les serpents venimeux qui se cachent sur cette terre.

Dès lors, la terre se renouvellera et M'appartiendra comme Je le désire, avec son cœur.

Comme Je Suis, au ciel, Je serai, sur la terre. L'heure sonnera bientôt.

Et Je ferai justice.

N'ignorez pas Mes paroles; cela signifie: ne vous cachez jamais sous de fausses apparences; Je connais tout de vos cœurs et vous souhaite à Moi, le Christ, entièrement, afin de vous donner Paix et Joie dans Mon Amour.

Jésus entend tout et voit tout.
Cœur Sacré de Jésus,
Donne-nous un cœur qui aime.
Amen.

Je Suis

Dicté mercredi 7 juin 1995

Si tu as le cœur en Jésus-Christ, rien ne peut t'arriver.

Avoir le cœur en Dieu, c'est entrer dans le mystère de la Trinité sainte: comme Moi, le Christ, suis Un avec le Père et le Saint-Esprit, le cœur qui se donne à Dieu est un avec Moi.

Etre un avec le Christ, c'est Me laisser libre d'envahir ton âme selon Mes desseins merveilleux. C'est comprendre que Je Me place en ton cœur, te donnant de «Me vivre», et extirpant tout ce qui est mal de toi.

Ce qui est «mal» en toi est ce qui n'est pas entièrement Moi: il ne s'agit pas de mal volontaire enraciné, chez les âmes qui désirent Dieu, mais de même que l'âme ne se sent unie parfaitement à Dieu qu'au ciel, de même Je ne M'unis à elle sur la terre qu'en fonction de la «place» qu'elle désire Me laisser: beaucoup de place chez Mes saints, et bien peu chez ceux qui Me refusent.

Ce mal est léger chez les âmes qui privilégient l'amour au détriment de la haine, mais il en existe toujours un peu sur la terre cependant: c'est le péché; car tant que l'homme est sur terre, il subit la tentation de la chair avec tous ses péchés capitaux.

Dois-tu en conclure que Je ne peux Me reposer dans l'âme sur la terre? Non, enfant: Je n'aurais pu si Je n'avais donné Ma Vie pour vous; mais l'ayant donnée avec tout Mon Amour, Je vous ai permis de vivre totalement en Moi, par le don de Mes sacrements:

— baptême pour vous redonner vie;

— sacrement de réconciliation pour vous pardonner vos chutes et vous rendre purs à nouveau, purs de la grâce reçue au baptême;

— et enfin Mon Saint Sacrement, don de Moi entier et total dans l'Eucharistie, à ceux qui désirent être unis au Christ.

Comprends-tu le don de Mon Amour? Comprends-tu combien Je vous ai aimés pour désirer vous unir aussi parfaitement à Moi qu'au ciel?

Certes, la chair retient l'âme sur la terre, mais le don de Dieu aux hommes est tel, qu'ils peuvent, depuis la rédemption, œuvrer sur terre en considérant que la vie éternelle leur est acquise, pour peu qu'ils le désirent.

Cette union de la créature avec son Créateur, Je l'appelle fusion intime de la Grâce avec l'âme: fusion de l'Amour Divin et de l'amour humain qui en viennent à ne former qu'un seul Amour, Mon Amour qui vit et qui est.

Lorsque l'âme accepte l'Amour Divin, Me laissant libre d'œuvrer en elle, Je prends possession d'elle dans la sainte communion: don intime et merveilleux dont bien peu se rendent compte.

Don de Dieu parfait, entier, total, exquis, pour la créature dont Je suis passionné...

Toi, viens Me recevoir, tout de suite...

Vois-tu enfant, l'Amour que tu ressens en ce moment, c'est le don de Dieu à ton âme, don que Je peux faire à l'âme qui Me désire totalement, amoureusement.

Quiconque vit en Moi peut ressentir cet Amour que Je te donne, quoique de façon exclusive à chacun, et donc différente, mais seule l'âme unie à Mon Cœur Divin par la pureté que Je mets en elle, pour peu qu'elle le désire, peut entendre tressaillir Mon Cœur de la sorte.

Réjouis-toi du don de Dieu pour toi, enfant... Tu le dois vraiment.

Je désire te parler de ce qu'est le mal, à présent. Le mal est avant tout refus de Dieu, refus de l'Amour infini. L'âme qui accepte le mal se désintéresse de l'amour vrai, ne le désirant ni pour elle ni pour les autres; elle accepte de devenir esclave des attirances de ce monde, se passionnant pour tout ce qui n'est pas saint et engendre le vice: orgueil, convoitise, égoïsme, luxure…

L'âme est libre: personne ne peut lui enlever son désir d'Amour si elle ne le souhaite pas; personne.

Ceux qui désespèrent parce qu'ils ne trouvent pas l'Amour seront sauvés, enfant, toujours, et même s'ils deviennent esclaves du péché: pour peu que le désir d'amour leur reste, Je les sauverai.

Mais Je ne peux sauver ceux qui ne veulent pas et il y en a…

Alors Je demande aux âmes qui M'aiment de toutes leurs forces, de M'aider par leur amour, à donner le cœur que Je désire aux âmes sur le bord du précipice. Par cet amour vrai que Je reçois, Je sauve, par Mon désir infini de M'attirer toutes les âmes afin que pas une ne soit privée du bonheur éternel.

Aux âmes qui M'aiment passionnément, Je ne demande que leur amour dans l'offrande de leur vie à tout ce que J'exige d'elles dans Ma passion amoureuse.

Et si Je permets les souffrances de la croix pour chacun de Mes bien-aimés, Je donne la joie, au plus profond de l'âme, et Je comble de Mon Amour celui qui a partagé avec Moi dans la confiance et l'espérance.

Celui qui demeure en Moi n'aura peur de rien, car Moi, le Christ, Je le consolerai et le comblerai de Mon Amour.

Jésus

Le bonheur sur la terre n'est pas possible humainement parlant mais si le ciel se penche sur l'âme qu'Il aime en la comblant de Son Amour, alors l'âme désireuse de connaître le bonheur du ciel peut le posséder sur la terre, et ce malgré les souffrances qui sont le lot de chacun.

Pour l'âme qui vit en Moi le Christ, sur la terre, Je peux faire des merveilles et la rendre heureuse: c'est le «ciel sur la terre».

Dicté le jeudi 8 juin 1995

Quand l'âme se trouve sur le chemin vers Dieu, Je la soutiens de tout Mon Amour: elle trébuche parfois, se blesse et retombe, mais Je la relève toujours.

Si tu as très soif de Moi lorsque tu tombes, appelle-Moi très vite, petite âme, et J'accourrai toujours te sauver et te bénir.

Si tu savais combien le désir de Dieu profond Me fait te donner à profusion tous Mes trésors! Oui, tu commences à l'entrevoir: cela s'appelle la foi.

Vois-tu, lorsque tu M'appelles ainsi, et que tu es tellement certaine en ton cœur que Je ne peux que te répondre, Je Me précipite autour de toi afin de te bénir en te relevant.

Tu sais, enfant,... c'est cela la foi: c'est aimer tellement ton Dieu que tu Le «forces» à venir: Il ne peut rien te refuser lorsque ton âme s'embrase ainsi.

Oui: aime-Moi
adore-Moi
Respire en Moi
Laisse Mon Amour entrer en toi
Ne pense plus
N'agis plus
Jette ton cœur en Moi
Et Je Suis là.
Apaise ta soif de Moi,
Puise sans peur: J'ai des ressources infinies
d'Amour pour toi.
Laisse-Moi vivre en toi.

Voilà: la paix est revenue en toi. Ecoute l'élan passionné de ton âme vers Moi: c'est Moi, le Christ, qui aime en toi ainsi.

Lorsque ton âme Me ressent ainsi, c'est que tu t'es abandonnée à Moi: alors, Je peux te combler de Mes richesses d'Amour.

Cherche à t'abandonner davantage encore...

Cela signifie: ne fais plus rien, si ce n'est Me désirer: alors J'agirai de plus en plus.

Ne M'impose jamais des actes que Je ne te demande pas, aussi «pieux» soient-ils: car ce que tu veux, Je ne le veux pas. Tu en es heureuse? Alors nous sommes heureux tous les deux...

Tu te trouves «fainéante» de ne rien vouloir faire de toi-même? Non, tu es seulement incapable de rien faire qui Me convienne et tu en es ravie; tu as raison: Je suis heureux car Je peux tout faire et te donner.

Cela te fait sourire...

Moi aussi...

Je Me plais en toi car tu es un rien qui M'aime beaucoup!

Jésus

Dicté vendredi 9 juin 1995

Si tu essayais de Me trouver dans le silence de ton cœur, en bannissant toute révolte contre la souffrance qui t'opprime, tu serais déjà consolée.

Et Moi, le Christ, aussi.

Pourquoi donc t'obstines-tu à ne pas croire à Ma passion d'Amour pour toi?

Pourquoi te laisses-tu affaiblir par Satan qui te fait croire que Je désire que tu souffres ainsi de ne pas Me trouver toujours...

Pourquoi Me fais-tu souffrir en Me regardant de tes yeux si tristes qui Me disent: «mais alors, Jésus, Tu ne viens pas me nourrir de Ta tendresse alors que j'en ai tant besoin?»

Sais-tu donc combien Je t'aime et fonds en toi de t'entendre m'appeler ainsi? Et sais-tu combien Je souffre de te voir ainsi triste et esseulée?

Tu ne comprends pas Mes paroles; car tu es enfant. Je te désire enfant et tu dois comprendre par là que c'est ton caractère d'enfant qui M'attire à toi. Mais tu dois aussi comprendre que Je ne fais rien qui te blesse.

Si tu es blessée, et tu l'es, c'est parce que tu ne crois pas suffisamment que Je peux tout à condition que tu aies foi. Je sais que tu penses avoir foi parce que tu sais que Je peux.

Mais tu n'as pas la foi que Je désire de toi.

Je te veux ferme et inébranlable. Si tu désires Ma tendresse, demande-Moi de t'accorder foi et persévérance.

Cela signifie que Je ne peux que te donner ce que tu désires: l'adoration pour Jésus-Christ que Je Suis, et Ma tendresse pour toi; tout cela s'appelle la vie en Dieu.

Ce que tu demandes, tu l'as en toi si tu as foi que Je te le donne. Je désire que tu vives en Moi et Je te donne cela.

Si tu ne ressens pas Mon Amour tel que nous le désirons, Moi et toi, c'est parce que tu t'obstines à penser que Je donne Mon Amour quand Je le désire.

Alors Je vais te dire: Je brûle de te faire vivre dans Mon Amour à chaque instant qui s'écoule.

Si tu n'arrives pas à te défaire de ce doute que Satan met en toi, tu souffres, et Je le permets pour que tu aies davantage confiance en Moi.

Je sais que tu ne te sens pas aidée en ce qui concerne ce don d'Amour que Je fais à quiconque le désire..., mais Je suis là,

Moi, l'Esprit de Dieu, pour te guider malgré les paroles que tu as entendues de la part d'âmes qui ne savent pas encore que:

Je Suis Amour.

Ecoute: tu Me dis: «le Père "X" m'a dit que Tu allais bouder si je réclamais trop»; eh bien Moi, le Christ, Je te dis: Je «bouderai» si tu Me «réclames» moins Mon Amour, te laissant assombrir par la perfidie du démon qui attaque ainsi Mes âmes les plus fidèles.

Je sais que ce que Je te demande est difficile, à savoir: que Je désire te combler de Ma tendresse si grande à partir du moment où tu as foi que Je te la donne tout de suite. Je sais, et pourtant Je désire ce pas de toi, puisque tu dois être le signe de la tendresse Divine.

Fais donc un pas et ouvre les yeux:

Jésus le Christ te le demande.

Lorsque tu penses que peu d'âmes saintes sur terre ont eu le don de Ma divine Présence en éprouvant Ma tendresse et en sachant que Je pouvais l'accorder si l'âme avait le désir brûlant de Jésus-Christ (que Je Suis), Je te dis: tu as raison, peu d'âmes ont compris que l'Amour brûle de Se donner pour réchauffer le monde.

Et Je te dis maintenant: J'ai réservé les trésors insondés de Ma Divine Miséricorde pour les âmes de ce temps, afin de sauver en masse avant l'arrivée de Mon Règne sur la terre.

Si Je te dévoile tout ceci à toi, petite âme, c'est parce que tu es la plus minuscule créature que J'ai trouvée, faite de peurs, de craintes, et de tristesse de ne pas avoir rencontré l'Amour.

Maintenant Je te dis encore: si ta faiblesse est grande — et elle l'est vraiment —, Je Suis Force d'Amour:

adore-Moi donc et tu comprendras ainsi combien Dieu aime les tout-petits comme toi.

Enfant, tu n'es capable de rien sans la tendresse de ton Jésus: comprendras-tu donc enfin que si Je «fais» (dans le sens: agir) en toi, c'est que Je t'ai donné Mes trésors de tendresse?

Eh bien comprends que, parce que tu feras pour Moi, les âmes verront que Je t'ai donné tout l'Amour que tu désirais…

Et si tu ne fais rien (!!!) c'est que Je ne t'aurais rien donné!

Souris à présent, petite âme:
Le soleil est revenu
Pourvu que tu ouvres les yeux
Et te laisses combler
De Mes grâces.

Jésus ressuscité

Dicté dimanche 11 juin 1995, Fête de la Sainte Trinité

Sois en paix, enfant…

Etre en paix, c'est te réjouir de l'Amour de Dieu pour toi. C'est avoir foi en la Miséricorde infinie, en la bonté suprême…

C'est te sentir possédée par Dieu, dès lors que ton cœur Le cherche.

C'est entrevoir la passion de ton créateur, en fonction de ton «éveil à Mes grâces», pour toi, petite âme choisie. Si tu essaies d'ouvrir tes yeux, en ne doutant plus de Mes bienfaits immenses, tu parviendras à regarder Mon Cœur Sacré dans sa plénitude d'Amour.

Si tu te juges indigne, tu ne peux regarder tout ce que Je désire te montrer.

Ma passion pour toi n'a pas de bornes… Crois-tu que Je ne sache pas que tu brûles de M'adorer de plus en plus, de Me connaître mieux, de recevoir Ma tendresse si grande… Crois-tu que Je ne sache pas tout cela?

Alors sois en paix, si tu le sais, car c'est Moi, le Christ, qui mets ces désirs en toi… et J'y répondrai.

Cherche bien fort, petite âme, et tu vas Me trouver.

Tu ne peux plus vivre sans Moi?

Moi non plus.

Tu te sens trop loin de Moi?

Moi aussi.

Qu'allons-nous faire?

Je vais te prendre dans Mon Cœur Divin plus fortement encore…

«Quand?»

Lorsque tu seras tellement abandonnée que tu ne douteras plus de Ma passion pour toi.

«Comment faire?»

Ouvrir les yeux.

En Me laissant faire.

En sachant que Je te bénis à chaque fois que tu M'appelles ainsi.

En Me sachant plus proche de toi que quiconque sur la terre.

Tu as encore un petit pas à faire…

Il s'appelle: CONFIANCE

C'est «te jeter» dans Mon Amour sans aucune peur ni inquiétude, et surtout en ne doutant jamais de Ma réponse bien tendre pour toi.

As-tu compris?

«Je T'aime» Me dis-tu…?

Eh bien Moi, le Christ, Je t'aime tellement que Je te dis:

Cherche encore un petit peu…

En Me regardant dans les yeux…

N'es-tu capable de rien?!!

Alors laisse-Moi faire…

Silence dans ton âme et alors Je viens.

Sais-tu pourquoi Je t'aime?

Parce que tu n'es capable de rien, si ce n'est attendre Ma tendresse… et c'est beaucoup, pour Moi…

Mais tu ne comprends pas cela…

Ecoute: lorsque tu te tiens ainsi abandonnée devant Moi, ne désirant rien d'autre que Mon Amour, tu Me glorifies, car tu attends tout de Moi, te rendant compte que tu ne peux M'atteindre par toi-même.

Tu Me glorifies par ton espérance si têtue… Peux-tu Me dire que tu ne «bougeras pas d'un pouce» tant que Je ne t'aurai pas donné Mon Amour?

Oui, tu le peux…

Garde ta gourmandise pour Moi, ton Dieu: désire-Moi toujours plus, brûle pour Moi.

Désires-tu brûler plus?

«Infiniment» Me réponds-tu…

Je te brûlerai si fort que tu Me diras: «emmène-moi, Seigneur Jésus»…

Quand Je t'emmènerai dans Mon paradis, Je te montrerai combien Je t'aimais en ce moment où nous écrivons.

Et maintenant, Je te dis: éveille-toi, il est temps!

Je te bénis.

Jésus-Christ

Viens, Seigneur Jésus

Jésus te désire ici: en cette basilique dédiée à Mon Sacré-Cœur.

Entre ici: tu es dans ta Maison. Je te l'offre, afin que tu M'y serves dans la foi et l'espérance.

Nourris les agneaux que Je te montrerai. Aime-les.

Rends-les ouverts et accueillants à Ma tendresse infinie.

C'est Mon Cœur que Je te donne ainsi. Sers-Moi dans la joie, au sein de la Fraternité de «Prière et Pénitence» qui Me servira à sauver le monde.

Je viens...

Jésus

Dicté lundi 12 juin 1995

Je sais que tu es dans la joie lorsque Je te nourris ainsi dans ces messages d'Amour de Mon Cœur Divin. Mais ne peux-tu être en paix lorsque Je te livre Mes écrits? Ne peux-tu avoir le temps en attendant Mon heure pour toi?

Tu te jettes sur Mon Sacré Cœur comme si Je ne t'avais pas parlé depuis des heures...

«Ce n'est pas de ma faute», Me dis-tu...

Est-ce à cause de Moi, alors?

Si tu ne vis que dans l'espoir de Me retrouver davantage, continue ainsi...

Il y a que Je te nourris beaucoup plus que certains de Mes agneaux privilégiés, et que tu as vraiment soif de Moi..., cependant...

Tu t'interroges sur ce que Je désire te dire?

Eh bien Je te réponds: lorsque tu as si soif de Jésus que Je Suis, commence par te tenir sur tes genoux afin que Je te serre contre Mon Cœur Divin autant que Je le souhaite.

C'est Moi qui t'appelais ainsi, te pressant de venir Me retrouver. C'est Ma passion pour toi que tu ressentais, mais Je te souhaite à genoux de temps à autre, ainsi: de cette manière, Je peux te donner Mon Amour infini, car J'élève ton âme en élevant ton corps.

Tu avais raison, cet autre jour, de dire à «X» que la pénitence n'était en rien brimade du corps, mais au contraire «élévation»:

Vois-tu..., Dieu ne renie jamais ce qu'Il crée par Amour: le corps de chair de l'âme peut être beau s'il sait s'élever comme le désire l'âme qui vit en Dieu.

Par ces «pénitences» qui sont amour, J'élève le corps avec l'âme afin justement que l'homme entier soit à Moi, le Christ, et non seulement l'esprit.

Dieu respecte le corps de chair: tu l'as bien compris; c'est pour cela qu'Il le veut saint dans ses agissements.

La pénitence n'est autre chose que l'homme entier (corps et âme) en désir d'union avec le Christ.

Si tu M'aimes ainsi, en comprenant Mon Amour pour les hommes, tu grandiras bien vite, petite enfant...

«Pourquoi les hommes ont-ils fait de Mes demandes de pénitence des demandes de bourreau?»

Eh bien parce que Satan les a obscurcis afin qu'ils croient que Dieu ne voyait dans le corps qu'une enveloppe de chair bonne à rien... Si cela était, Je ne serais pas venu M'incarner sur la terre...

Comprends-tu combien Je t'aime lorsque Je te demande de t'agenouiller?

Eh bien tu as compris beaucoup!

Je te bénis.

Jésus-Christ

Dicté le mardi 13 juin 1995

Enfant, tu attends de Mon Cœur Divin que Je mette le «stop» à la souffrance qui t'anéantit…

Je vais le mettre, car il n'est pas dit que Je te laisse dans cet état.

Je désire que tu comprennes la souffrance morale et même physique qui te rend si lasse…

C'est Satan qui se déchaîne contre toi parce que tu as réussi à faire Ma volonté en ne te nourrissant que de ce que Je désirais. Alors il t'attaque pour essayer encore de te faire peur et de te décourager.

Ne crains pas: si Je permets ces attaques éprouvantes Je viens les arrêter très vite. Je suis là, à présent, et cela va aller mieux.

Tu sais, lorsqu'une âme se donne à Dieu, le démon essaie tout pour la détruire. Il ne peut rien contre toi, mais il essaie. Je le permets car Je te donne de vaincre plus aisément ensuite…

Ne t'inquiète pas…; entre les cœurs unis de Jésus et de Marie, tu ne crains rien.

Sauras-tu Me comprendre si Je te dis: cherche Mon regard et tu vaincras?

Vois Mes yeux qui te sourient en te disant: le brouillard va passer, petite enfant…

Je sais que tu as mal, Je partage tout avec toi, tant Je T'aime. Si tu désires éprouver la joie, tu dois essayer d'ouvrir les yeux, en Me demandant Mon aide.

Je vais t'aider… Je te donnerai de Me connaître autant que Je le désire, afin de te nourrir assez pour que ton cœur soit heureux en Moi.

Je désire t'unir tant à Moi, enfant, que Je dois de temps à autre te laisser sous le feu de l'ennemi, et cependant Je te dis: la période de grosses souffrances que tu as subie prendra fin très bientôt…

Après, ton cœur ne sera plus malade ainsi de la haine de Satan à ton égard. Il te laissera à Moi, Sacré Cœur, et cherchera à te faire mal à travers les âmes qui t'entoureront. Ce sont les souffrances que Je ressentirai en toi: haine du monde pour Moi, le Christ…

Mais ces tortures actuelles auront leur fin. Quand Dieu dit «cela suffit», le démon ne peut plus te tourmenter aussi durement: il a eu la permission de se servir de son venin pour t'éloigner de Moi durant cette année et demie; il a échoué: maintenant, d'ici peu, Je ne lui permettrai plus de s'en prendre à toi ainsi.

Ces épreuves t'auront fortifiée, purifiée, éclairée… et Je saurai te consoler de tout ce passé si dur…

Le temps de la joie est bientôt là. Souris, petite âme, car le soleil arrive; et ne cherche pas à analyser ces souffrances diaboliques. Cela ne servirait à rien.

Sache seulement que Dieu doit, lorsqu'Il S'adresse ainsi à une âme, la fortifier dans le feu, afin qu'elle soit solide et heureuse ensuite.

Si Je ne t'ai pas consolée de manière extraordinaire ces fois où tu as tant souffert, c'est parce que Je te destinais à quelque chose de grand: et en cela Je devais te rendre pure de tout ce qui t'aurait empêchée de Me servir.

Plus Je donne à une âme et plus Je la désire pure, afin qu'elle soutienne Mon regard sans honte lorsque Je viens lui annoncer combien Je l'aime.

Je t'ai tant aimée pendant que tu avais mal... si tu savais combien J'ai pris part à ta souffrance...

Le sort de nombreuses âmes reposera sur ce que Je leur donnerai par toi, et pour cela, J'ai besoin d'un instrument fidèle et passionné: alors Je pourrai guérir...

T'ayant passée au crible de l'ennemi, Je peux à présent te dire: la joie arrive, et elle sera durable.

Quand J'aurai terminé Mon œuvre de rachat des hommes en toi, Je te cueillerai, petite fleur, et te bénirai de M'avoir si bien servi.

Que ce baume que Je mets à présent en toi te donne de sourire enfin à ton Divin Maître qui t'aime tant qu'Il te dit:

En Moi,
Avec Moi,
Pour Moi,
et de Moi, le Christ, tu es et seras éternellement.

Que manque-t-il encore à ton âme, ce soir, pour être heureuse?

Cela: abandon à Mon Sacré Cœur afin de te reposer en ressentant Mon Amour.

Je te donne Marie, ta Maman du ciel, pour panser tes plaies:

Celui qui fait la volonté de Dieu
Est toujours consolé.
Celui qui désire vivre
Dans le Sacré Cœur de Jésus
Est toujours exaucé,

Celui qui accepte
De partager la Croix
Est toujours béni.
Il ne te faut que:
Le désir d'aimer.
Alors sois heureuse, vraiment.

Marie, Maman des enfants du Cœur de Jésus

Dimanche 25 juin 1995
Solennité du Cœur de Jésus

Sais-tu Qui Je Suis? Connais-tu ton Christ, sauveur du monde?

Quand tu es en Ma paix, en Ma présence, dans le silence de ton âme, Je Me donne à toi en te comblant de Mes trésors.

Sais-tu que tu es minuscule? Pourquoi te dis-Je cela si souvent? Eh Bien parce que tu es sans aucune défense. Je te bénis d'être si petite: tu es sans aucune attache à la terre, rien ne peut te combler ici-bas, et tu es si faible que tu ne sais que pleurer lorsque quelque chose va mal.

C'est pourquoi Je t'aime: n'étant rien par toi-même, Je suis le tout en ton âme; tu ne Me feras pas obstacle par ton désir d'être quelque chose, puisque tu te sais incapable de rien sans Moi, ton Dieu…

Mais tu dois comprendre Mon Amour de prédilection pour les âmes si minuscules que toi: autant Je suis grand, et autant elles sont petites: il y a un abîme de grandeur entre toi et Moi…

Je te vois sourire et tu ne sais pourquoi cependant, alors Je te l'explique!

Ton âme sourit parce qu'elle se sait aimée infiniment en étant aussi petite: elle sait que son trésor est d'être, et d'être si petite que Je dois tout faire en elle. Cela ne déplaît pas à ton âme: elle est ravie que Dieu prenne entièrement possession d'elle de manière à la hisser dans Mon Cœur Divin.

Lorsque l'âme a la prétention d'être quelque chose par elle-même, Je ne peux entrer dans son cœur. Les âmes fortes qui M'aiment ont parfois de grandes souffrances car elles pensent «arriver» par elles-mêmes à M'attendre, parce qu'elles ont plus de force pour endurer l'épreuve.

Je te dis, cela à toi, petite âme, pour que tu ne t'inquiètes pas de ta faiblesse: elle est une grâce car elle te permet de Me laisser libre en toi.

Sens-toi aimée de ton Jésus, si fort que tu dois sourire à présent. Souris pour Moi, ton Dieu, qui Me complais si fort dans les petits riens comme toi.

Si tu as souffert beaucoup ces derniers temps, c'est parce que ta faiblesse a ennuyé le démon qui en a profité pour te décourager dans ta foi, en t'attristant…

Mais Je désire que tu saches que ta faiblesse n'est rien pourvu que tu aies ce désir de M'adorer que j'ai mis en toi.

Ne souffre plus, petite âme, comprends combien Je t'aime et combien Ma grandeur est heureuse de se pencher sur un tout-petit comme toi.

Par les «riens», Je confondrai les forts… J'aime les petits, les incapables, et Je Me révèle en eux, car ils n'ont d'autre prétention que de M'adorer en étant heureux en Moi. Je les place au fond de Mon Sacré-Cœur et rien ne peut leur arriver. Je les aide à chaque instant, car ils ne peuvent rien, ils sont si faibles…

Mais étant si faibles, ils se tournent vers Moi, le Christ, et Je les choie car Je sais qu'ils Me recherchent de tout leur être.

Je les élève dans Mon Amour, leur apprenant la confiance en leur Père du ciel; Je leur donne Mes trésors, afin qu'ils soient heureux: ils ne cherchent rien d'autre que Mon Amour, et sont tellement petits qu'ils ne se rendent pas compte des trésors de richesses que Je leur donne pour leurs frères dans Mes révélations. Ils ne voient que ma tendresse et jouent avec les joyaux que Je leur donne sans en mesurer la valeur.

Mais que M'importe? Ils sont Mes petits et Je leur donne à profusion, parce que cela Me réjouit de donner ainsi... Certains comprendront mieux qu'eux tout ce que Je leur donne, et c'est bien ainsi que Je l'entends: que Je nourrisse d'autres âmes avec Mes trésors donnés de manière si privilégiée à certains...

Mais eux, ces petits, sont si fort dans Mon Cœur qu'ils reçoivent, reçoivent sans cesse, jouant avec Mes dons et en réclamant d'autres sans avoir fait le «tour» de ce que Je leur ai donné déjà: comme des enfants dans le paradis des jouets, se sachant aimés, ils compulsent tous Mes trésors, avides d'en recevoir d'autres, et ce, seulement pour M'adorer davantage et Me connaître plus.

Alors Je donne et donne encore, car l'âme qui me donne tout son être est Ma petite fleur préférée pour laquelle Je ferai des folies.

Je t'aime tant, petite enfant: sois calme désormais dans le Cœur de ton Jésus. Rien n'importe dans la vie pour toi, puisque Je suis là. Ne t'inquiète plus de rien: agis pour Moi, c'est tout.

Je sais que tu n'as pas de forces et que tu n'es pas sûre de toi: ce n'est pas grave... Je suis là, le Christ est là, pour toi, entièrement.

Contente-toi d'aimer le cœur des hommes en Moi, ton Dieu, et sache que tout ce que tu fais n'a d'importance que si tu aimes. Tes activités ne sont rien: elles M'importent peu; que tu les fasses bien ou moins bien (parce que tu n'y arrives pas): l'essentiel est que tu M'aimes, car l'amour ne périra jamais. Le reste… qu'est-ce? Du vent, et c'est tout. Je serai là dans toute épreuve, si tu as le désir de M'aimer; et alors, tu verras: la joie sera en toi.

Aime, petite âme, ne fais qu'aimer ton Dieu, les hommes, Ma création. Fais de ton mieux sans t'inquiéter de rien: si tu es incapable, Moi, Je suis capable de tout, dans les grandes comme dans les petites choses.

Jésus le Christ

Mardi 4 juillet 1995

Jésus te dicte: tu es faible, petite, sans forces: pour cela, Je te demande de ne rien faire par toi-même.

Certaines âmes arrivent à M'offrir leur pénitence d'elles-mêmes, avec leur volonté propre.

Toi, tu ne fais que réclamer Mon Cœur Divin, et, si Je te laisse un peu dans l'obscurité, tu ne M'offres rien de ce que Je te demande «matériellement parlant».

Je sais que tu ne peux pas…

Vois-tu… tu as «envie» de M'offrir cette pénitence que Je t'ai demandée, et pourtant tu ne le veux pas si tu ne brûles pas d'amour pour Moi…

Ne sois pas si triste…; Je vais te consoler.

Je t'ai créée pour que tu M'aimes. Si tu ne M'aimes pas beaucoup, Je ne veux rien de toi.

«Tant mieux», Me dis-tu?

Tu ne comprends *rien,* petite enfant… car tu crois encore que Je désire de toi ces pénitences sans que ton cœur brûle d'amour pour Moi…

Ne comprends-tu pas que Je t'aime de Me demander tant et tant l'amour pour Moi, ton Dieu?

Tu as peur qu'il te faille donner ces pénitences avant que Je te nourrisse de Mon Sacré Cœur…

Eh bien non; le Christ te dit: non. Je n'attends pas tes sacrifices tièdes pour te combler de Mon Feu d'Amour: entends-tu?

Je t'aime tant de désirer autant Mon Cœur…

Ne vois-tu donc pas que c'est ce que Je souhaite de toi?

Je te donnerai de M'adorer autant que Je le désire… beaucoup.

Tu n'es qu'un cœur qui meurt lorsque Je me cache un peu. Mais tu es la bien-aimée de ton Jésus pour cela.

Tu crois que J'agrée les pénitences offertes sans ce désir incessant de Dieu que J'ai mis en toi?

Tu penses que les âmes qui M'offrent leurs sacrifices ainsi sont fortes?

Oui, elles sont fortes de par leur volonté propre qui désire M'offrir quelque chose pour sauver les pécheurs. Mais elles sont faibles cependant, car leur volonté de Me servir passe avant le désir de brûler d'amour pour Moi, le Christ… Elles sont fortes d'une force que Je souhaite dans les cœurs enflammés par l'amour, et non dans les cœurs qui restent tièdes.

«Elles donnent d'elles-mêmes en souffrant», Me dis-tu… Oui, dans un sens… oui, enfant… Je les bénis de désirer Me donner ces pénitences… Mais vas-tu comprendre que le cœur qui ne vit que dans l'espoir de M'adorer toujours plus, est plus beau à Mes yeux? Vas-tu comprendre qu'au-delà de la souffrance (ou privation) c'est l'union intime avec Mon Sacré Cœur, que Je désire?

Tu Me dis: «ces âmes sont fortes, qui arrivent d'elles-mêmes à M'offrir des pénitences». Je te dis: elles sont faibles, car elles s'arrêteront à cette «vision de Dieu»: se priver afin de participer au salut du monde; c'est bien et cela ne Me suffit pas pourtant.

Toi, tu es immensément faible car tu ne peux rien M'offrir si Je n'agis pas en toi. Mais par ta force de désirer l'Amour, tu es forte de Ma force à Moi, le Christ. Tu ne t'arrêteras jamais à la pénitence proprement dite, en tant qu'acte «matériel»: ton cœur n'y survivrait pas. Et Je te bénis d'être ainsi proche de Mon Cœur Divin.

Maintenant écoute: tu désires M'adorer en tout instant, Moi, ton Dieu? Eh bien, brûle en Moi, le Christ: brûle de l'amour que Je te donnerai incessamment tant tu en as besoin.

Je sais que tu ne te satisfais pas de l'amour que tu as pour Moi: Je sais que tu trouves cela ennuyeux et détestable — ce sont tes termes — lorsque tu M'aimes «moins». Mais, petite âme, par ces moments où le démon t'obscurcit en t'enlevant un peu de ton amour pour Moi, Je fais des merveilles de grâces pour toi et pour les autres.

«Je veux T'adorer tout le temps», Me dis-tu… Eh bien adore-Moi en chaque instant: Je le désire de toi ô combien plus fort que toi…

Comment?

Tu es à Moi, le Christ…

Ne t'impatiente pas ainsi! Mais tu as raison d'être aussi tenace…

Tu dois Me demander de vivre en Moi, en étant dans la paix: la paix, c'est savoir que Je t'exauce.

Si tu désires «plus», Je te donne «plus». Tu n'es qu'à Moi, le Christ, et à personne d'autre sur la terre, enfant: alors sois heureuse. Sens-toi aimée de Moi.

Donne-Moi autant de temps que Je t'en demande: alors tu ressentiras Mon Cœur Divin et alors tu feras pénitence dans la joie de te sentir aimée autant de ton Jésus.

Pour faire pénitence, tu dois toujours désirer Mon Cœur: sinon, tu n'y arriveras pas; Je ne te laisserai pas y arriver.

Jésus

Jeudi 6 juillet 1995

Jésus te dicte: quand Je t'ai demandé d'entrer à la fraternité de «Prière et Pénitence», Je te destinais une tâche difficile, à savoir: œuvrer pour Moi, le Christ, en Me donnant les âmes vers lesquelles Je t'enverrais, en les nourrissant de Mes paroles de Vie et d'Amour.

Comment feras-tu, toi, petite âme au cœur simple et aimant, et pourtant timide et fragile...?

Je te donnerai la force de Me servir, et le langage pour parler. Je Me révélerai en toi aux âmes qui Me désireront.

Les montagnes deviennent des plaines lorsque le Seigneur ton Dieu le décide!...

Quand tu entreprendras ce travail, Je grossirai le nombre d'âmes de cette fraternité et leur donnerai un cœur brûlant, à la mesure de leur cœur fervent.

Ceux qui Me désireront vraiment, Me trouveront, à travers Mes paroles que Je te dicte.

Et Je rénoverai cette fraternité de manière à lui donner un cœur et une âme.

Participer à l'œuvre de rachat des pécheurs par la prière et la pénitence, doit être source de joie dans l'union intime avec Mon Sacré Cœur qui se crée si l'âme en a le désir.

Pour beaucoup encore, participer à ces réunions de prière est plus une espérance de rencontre fraternelle et amicale, qu'un moment privilégié pour Me rencontrer et avancer dans Mon Amour.

Ces réunions doivent servir à mettre le cœur des âmes en Moi, le Christ, et non à vous rencontrer pour le plaisir d'échanger des conversations amicales.

Je sais comment faire, Moi, le Christ et ne demande à vos cœurs que de s'ouvrir à Ma présence en faisant silence dans votre âme et en vous préparant à Me rencontrer.

Si vous n'abandonnez pas vos désirs de faire par vous-mêmes, Je ne peux venir vous expliquer Mes voies. J'ai besoin que vous Me désiriez dans votre cœur et que vous M'attendiez, et Moi seul.

Si vous vous préoccupez dans ces réunions de vos désirs, vos envies, de parler, de faire etc..., il ne vous reste pas de place pour Moi, le Christ. C'est Moi qui peux vous nourrir, et non vous qui savez comment vous y prendre.

Vous devez faire silence et Me désirer très fort. Méditez le chapelet mais laissez entrer les mots dans vos cœurs, lentement: il ne sert à rien de dire le chapelet sans Me regarder...

Je vous aiderai, par ce petit «rien» que Je vous donne. La route est difficile, et les écueils nombreux, mais si vous désirez le bonheur de vivre en Moi, le Christ, vous serez comblés.

Que Mes paroles portent fruits en vos cœurs et ce, afin que Je vous fasse Miens.

Je vous aime et vous bénis.

Jésus le Christ

Vendredi 7 juillet 1995

Jésus te dicte: quand la joie est en toi de te sentir Mienne, enfant de ton Jésus, Je te bénis et te donne Mes trésors.

Quand tu écoutes ton cœur en ayant pleine confiance en Moi, ton Dieu, Je te donne le bonheur de Me connaître.

Pourquoi es-tu si heureuse de Me consacrer ton cœur à Moi, le Christ, uniquement? Parce que Je le désirais de toi. En Mon Sacré Cœur, tu seras à l'abri de toute souffrance car Je te consolerai et te protégerai de toute atteinte: oui, tu seras calomniée, ou plutôt le Christ le sera en toi, mais tu te sentiras tellement Mienne que tu partageras Ma Croix avec joie, et ta souffrance fondra dans le creuset de Mon Amour.

Tu aimes te retrouver seule avec Moi? Je le désire ainsi: toi et Moi, seuls avec nos secrets d'Amour. Mais lorsque Je te demande de parler, parle, et fais de ton mieux pour n'être jamais au monde par tes sentiments mais seulement par le désir de nourrir leur âme de Mon Amour.

Appartenir au Christ, c'est tout laisser de ce qui t'éloignerait de Moi. Je ne te veux au milieu des hommes que pour Me laisser aimer en toi. Ne mêle jamais des sentiments humains à l'amour que Je te donne pour les pécheurs: ces sentiments sont l'apanage de ton Dieu que tu dois adorer. Donne-Moi ta tendresse exubérante qui Me donne tant de joie et réserve-la-Moi, à Moi le Christ et à Moi seul.

Tu dois aimer les pécheurs comme Je l'entends et si tu donnes les sentiments qui Me sont réservés aux hommes, tu devras t'en repentir car cela t'éloignera de Moi, le Dieu de tout ce qui est.

Je t'ai créée pour que tu M'adores. Je dois être ton seul sourire. Les attaches humaines sont bonnes et Je te veux pourtant détachée à l'extrême, tant Je t'aime et tant Je veux te donner.

A d'autres âmes Je donnerai la satisfaction dans les relations humaines et Je les bénirai d'y laisser leur cœur.

A toi, petite âme, Je demande ton cœur sans partage, afin que tu Me laisses libre d'aimer en toi les pécheurs que Je désirerai nourrir.

C'est une grâce que Je t'offre, et tu en es consciente. En n'appartenant qu'au Christ par ton humanité, Je ferai de toi un trésor de tendresse pour les hommes. Comme tu ne seras plus «rien», Je serai Tout en demeurant en toi et nous serons unis dans Mon Cœur Sacré autant que Je le désire.

Ne te sens plus triste de ne pas appartenir au monde: Je te donnerai Mon Amour infini à déverser sur les âmes; tu pourras puiser et puiser: Je ne te refuserai jamais rien pour les pécheurs.

Jésus

Samedi 7 juillet 1995

Quand tu sais ce que désire ton cœur, et que ce désir est fervent, tu es dans de bonnes conditions pour que le Christ que Je suis te révèle Son Cœur Divin. Parfois, Je te demande un peu plus et c'est pour cela que tu as de la peine à discerner le désir fervent de ton cœur. Je fais cela, afin que tu sois sûre de ce que tu Me demandes, et que ta foi grandisse.

Bien! Tu as compris que tu désirais Mon Cœur Divin... As-tu le désir de Me donner ta confiance? Alors ne cherche pas et laisse-Moi te guider: abandonne-toi seulement dans l'humilité de te sentir toute petite et bien-aimée.

Vois-tu, lorsque tu as l'abandon en toi, Je te donne Ma paix. Ton abandon vient de ta confiance en Moi et ta confiance vient de ta foi que Je te nourrirai: J'ai fait grandir ta foi.

Je t'ai donné beaucoup de grâces et Je t'en donnerai plus encore.

Sais-tu pourquoi Je déverse tant de grâces sur ton âme? Parce que tu es toute-petite et que tu n'as rien: alors Je suis «obligé» de te donner beaucoup puisque Je te désire heureuse.

Quand l'âme est abandonnée de son mieux à Ma volonté, Je lui donne de M'adorer et de connaître la joie.

Enfant, tu ne sais pas que Mon Cœur Divin fond devant les petites âmes comme toi; tu ne sais pas que Je me délecte dans les petits riens qui réclament Mon Amour avec tant d'audace que toi.

Je te tiendrai contre vents et marées. Je ne te laisserai pas t'écrouler: sois-en certaine.

Quand Mon petit rien est abîmé par la douleur de ne pas Me retrouver autant qu'il le désire, mais qu'il Me laisse faire en lui, avec confiance et abandon, Je nourris son âme avec force.

Mon Dieu,
Donne-moi l'abandon total,
La confiance en Toi,
La foi en Tes paroles,
Et ne permets pas
Que je M'éloigne de Toi
Par la fatigue
Que l'ennemi déverse en moi.
Amen.

Si tu appelles au secours, Je te répondrai toujours, Moi, le Christ, Jésus.

Donne la foi aux âmes de bonne volonté: tu l'as en toi et ne le sais pas, enfant... Mais par cette foi, Je te comblerai. Deviens forte en connaissant Ma réponse à ta foi: Je t'exaucerai toujours.

Jésus

Jeudi 20 juillet 1995

Quand Je te vois en paix, Moi, le Christ, Je peux venir en toi.

Bien souvent, l'âme s'inquiète, s'affole, se laisse tourmenter, et ainsi Je ne peux entrer en elle. Au milieu des épreuves, l'homme doit désirer la paix et Me la demander. Je la donne à l'âme qui Me désire et a confiance en Moi, le Christ.

Pour avoir la paix, le désir de Dieu doit être plus fort que tout en toi... Si au fond de ton cœur, le principal est l'amour de ton Dieu, Je te donnerai la paix en chaque instant de vie. Je sais que les épreuves attristent et font mal: ne les ai-Je pas subies, Moi, votre Dieu?

Mais si l'âme a la passion de Dieu, Moi, le Christ, la soutiendrai en chaque épreuve par Mon Amour infini.

La passion pour Jésus, tu l'as en toi, petite âme, et Je Me complais en toi pour cela. Tu quémandes et mendies sans arrêt un cœur qui brûle, et cela te sera accordé «forcément». Tu brûles déjà, enfant, et tu ne le sais pas...

Ne sois pas triste ainsi... Je te donnerai de brûler d'amour encore davantage... Mais sais-tu la grâce que Je t'ai donnée en te faisant désirer Mon Cœur Divin ainsi? Sais-tu combien de fois Mes appels auprès des âmes sont vains?

Donne un cœur qui brûle aux âmes qui t'entoureront, afin de leur expliquer combien Je les aime, Moi, le Christ. Donne-leur de Me désirer, afin que Je les comble de Mon Amour.

Comment? En Me laissant faire en toi. Si tu es passionnée par ton Dieu, enfant, ton Dieu est passionné par toi. Accepte les trésors de grâces que Je veux te donner. Brûle d'amour et consume-toi en Mon Cœur Divin afin que Je t'unisse à Moi plus profondément encore.

Quand tu as en toi le sentiment de M'appartenir entièrement, Je suis heureux en toi et te donne Ma joie. Aie ce sentiment de n'être qu'à Moi, le Christ, et alors tu ressentiras Mon Amour et Ma passion pour toi.

A d'autres âmes, Je demanderai d'être à Moi dans leurs frères, c'est-à-dire de Me servir en eux, en leur donnant tendresse humaine et chaleur.

Toi, tu leur donneras l'amour de Dieu et Mon Amour pour eux; mais Je t'unirai tellement à Mon Cœur Divin que tu ne donneras rien de toi: tout sera de Moi, le Christ, et ce sera bien ainsi.

Je te garde avec Moi, en chaque instant, et si Je te donne au monde, ce n'est que pour te cacher, en Me laissant transparaître en toi, Moi, ton Dieu.

Je te donnerai tant et tant d'amour pour Moi, le Christ, que tu ne sauras désirer la tendresse humaine pour toi, enfant: la plus belle tendresse humaine te sera fade; en cela, Je ne veux pas dire que tu ne l'apprécieras pas: tu aimeras divinement l'âme qui te la donnera, mais elle ne comblera jamais ton cœur. Seul ton Maître, le Christ, saura consoler ton cœur de tout ce besoin d'amour qui est en lui.

Je vais t'apprendre à te laisser aimer de ton Dieu, et alors tu comprendras mieux Mes paroles.

Que tes frères humains te soient chers d'un amour divin (parce que c'est Moi qui aimerai en toi) et non d'un amour humain: celui-là (ton amour humain) est pour le Christ que tu dois adorer.

Enfant, tu ne saurais donner ta tendresse aux âmes sans t'éloigner de Moi: voilà pourquoi Je ne te veux aucune attache sentimentale en dehors de ton foyer. Je veillerai à cela. Tu es sur terre pour donner Mon Amour aux hommes; pas le tien.

Je te donne cette grâce que Je réserve à Mes privilégiés, petite âme: comprends Mon don et adhère pleinement à Ma volonté de te nourrir aussi fort.

Soulage-Moi de tant de peine que Me font les pécheurs qui disent M'aimer et ne Me regardent pas avec leur cœur. Dis-leur que Je suis humain quoique Dieu, et que Je ressens tout. Dis-leur de ne pas Me crucifier en Me parlant comme à un mort, et dis-leur quelle peine J'éprouve de les voir dans ce brouillard qu'ils acceptent en venant à la messe avec un cœur tiède et lointain. Dis-leur que Je vis, que Je ressens tout, et que Je souffre de les voir si loin de Moi.

Toi tu M'aimes… Je le sais, enfant… Mais combien de cœurs restent fermés à Mes grâces… Combien ne veulent pas M'accepter en eux, car ils ne désirent pas l'Amour…

Console-Moi: donne-Moi tout de toi. Entends Mon appel et ne Me fais jamais défaut — que ceux qui te disent que tu ne dois pas vivre en désirant ressentir Mon Amour, Me prient afin que Je les éclaire. Qui peut se vanter de M'aimer sans désirer Me connaître et Me ressentir? Uniquement ceux qui ne M'aiment pas de leur cœur. Dieu se donne à celui qui Le cherche, toujours, et lui montre Son Amour. Crois-tu que Je Me satisfasse d'une âme qui dise M'aimer et dont Je ne ressente aucune tendresse? Non…

A fortiori, vous, les hommes, avez le droit et le devoir de quémander Mon Amour et Ma tendresse infinis. Que serait un Dieu qui ne donne pas à Ses bien-aimés de Le connaître...

Ne M'anéantissez pas par vos raisonnements et jugements humains, vous les théologiens et hommes de raison: Je suis Un Cœur, Moi, le Christ, et J'éprouve de la tendresse pour les petits qui ne désirent qu'aimer; Je leur donne de la ressentir, et en cela, Je dévoile Mon Sacré Cœur aux hommes de votre temps, afin de préparer Mon règne et Mon retour dans Ma Gloire.

Jésus, le Christ

Vendredi 21 juillet 1995

Jésus te dicte: lorsque l'âme s'abandonne à la grâce, Je lui donne de Me posséder dans son cœur de façon merveilleuse. Ainsi fais-Je avec toi, petite enfant...

Certes, le temps t'a paru long avant que Je te nourrisse autant que tu le désirais (et que Je le désirais), car il Me fallait ton abandon total.

Le démon se déchaîne toujours sur Mes bien-aimés afin de les empêcher de se livrer totalement à la divine grâce de Dieu.

Bientôt il ne restera aucune trace de ces longues souffrances que tu as subies, car ton cœur connaîtra la joie divine de vivre pleinement en Dieu.

Enlève tes derniers doutes, tes dernières craintes, tes dernières inquiétudes, et ainsi Je te consolerai de cette purification longue et douloureuse.

T'ai-Je purifiée davantage que d'autres? Dans un sens, oui, car Je désirais te donner beaucoup, et pour cela Je te voulais toute à Moi, le Christ. Parfois les purifications sur la terre sont douloureuses pour l'âme qui aime beaucoup, car le démon s'acharne avec fureur sur celle-ci, davantage que sur une âme qui n'a pas encore le désir de Dieu de façon extrême.

Oui, tu étais faible et Je t'ai fait porter beaucoup, mais de cette purification nécessaire sortira beaucoup de bien.

Qu'est-ce que la purification de l'âme? C'est une période pendant laquelle l'âme doit assurer sa foi et sa démarche vers Dieu, de manière volontaire, malgré Satan qui a certaine liberté de tenter et de faire mal. Je veille, pendant ces instants douloureux, et suis là pour essuyer toute larme et consoler de Mon Amour le cœur attristé de ne pas Me trouver bien fort…

J'attends ainsi la confiance totale, l'abandon et la foi qui feront que Je pourrai Me donner bien davantage encore à l'âme qui Me désire. Et alors, quand cette phase difficile est passée, Je viens, et fais Ma demeure définitivement dans l'âme qui M'aime.

Oui, enfant, tu peux penser qu'une âme qui aime beaucoup est plus vite purifiée qu'une autre… Eh bien non: car l'âme qui a un grand désir de Dieu est tentée en proportion de la force de son amour. Cela est juste, car toutes les âmes n'ont pas la grâce d'aimer très fort, et le démon a le droit (limité toujours) de tenter l'âme: c'est ainsi.

Mais ne te rebelle pas devant la longueur de tes souffrances; d'autres âmes privilégiées ont eu pire, d'autres moins, mais toutes ont été et seront purifiées pareillement (en cela Je veux dire: «justement») en fonction de la force de leur amour.

Sache aussi que ces grosses purifications de l'âme ne durent pas chez celui qui aime Dieu de toutes ses forces. Lorsque le moment est venu, Je libère l'âme de toutes ces attaques, lorsqu'elle a montré par sa ténacité, son abandon et sa confiance qu'elle n'appartiendrait qu'à Dieu.

Je sais que ta vie n'a de sens qu'en Moi, le Christ, à présent, et que tu ne pourras jamais plus vivre sans Dieu. Alors Je serai là, en chaque instant, davantage à présent, te donnant de vivre en paix et dans la joie sur la terre qui est devenue ton exil.

Sens-toi proche de Moi, davantage que de n'importe quel être humain, et alors tu ne t'inquiéteras pas de rester ici-bas.

Vois-tu… personne n'est abandonné, sur cette terre, mais le monde dans lequel tu vis est tellement enténébré qu'il en deviendrait angoissant pour les âmes qui aiment, tant le mal a fait de ravages… Mais Je suis là, Moi, le Christ, et Je garde Mes petits et viens chercher et appeler ceux qui souffrent de l'obscurité.

Mon règne arrivera, et alors, la terre sourira à nouveau et tout mal sera vaincu.

Plus tu seras abandonnée à Mon Sacré Cœur en ayant foi en Mon Amour infini, plus tu connaîtras ton Dieu qui brûle de se dévoiler aux âmes fidèles.

Sens-toi Mienne vraiment, petite âme: en Moi tu trouveras tendresse et consolation à toute peine, à tout chagrin. Je suis là, près de toi, et attends ton regard de foi et de confiance.

Jésus

Lundi 24 juillet 1995

Jésus te dicte: si l'âme désire son refuge en Mon Sacré Cœur, Je la bénis et l'attends avec joie. Viens, petite âme, viens pour la vie éternelle, et ton Dieu te choiera de tout Son Amour.

Quand les âmes peu enclines au péché (dans le sens qu'elles l'abhorrent) se destinent à Mon service, Je les entraîne au plus profond de Mon Cœur Divin, Me réjouissant de leur faire partager tout de Moi.

Toi qui désires Me regarder en tout instant, afin de connaître la joie pure et merveilleuse de l'âme unie à Dieu, viens, abandonne-toi de ton mieux. Je t'ai bénie et t'ai retrouvée: Je Me complairai en toi et tu te réjouiras en Moi: Je ferai Mon chemin en toi et tu Me serviras avec loyauté et fidélité. J'élaguerai tes branches et te ferai parvenir à la joie suprême d'être enfant de Dieu.

Quand tu Me demandes sans cesse un cœur qui aime et M'adore, Moi, le Christ, enfant, tu fais Mon bonheur, ne te préoccupant que de ressentir la brûlure de Mon Esprit Saint (et n'écoutant rien de ce que Je te dis tant que Je n'ai pas accédé à ta demande). Je te bénis, petite âme, d'avoir accepté la grâce divine que Je t'ai offerte, à savoir: n'être qu'un cœur embrasé par l'Esprit Saint et n'attendre de Moi, ton Dieu, qu'un feu d'amour plus important encore.

Parfois Je te laisse un peu plus «tiède» et Je ne manque pas de te voir «t'ennuyer» et t'écrier: «mais mon Dieu, donne-moi un cœur qui brûle...»

Sais-tu, petite enfant, quel désir ardent pour le Christ J'ai mis en ton cœur, Moi, l'Esprit de Sainteté? Non, tu ne le sais pas encore...

Brûle, brûle, petite âme: réjouis-toi d'avoir un cœur qui brûle d'amour, car ton Dieu te donnera de connaître Son Cœur avec tous Ses trésors.

Que la confiance et la paix règnent en ton âme. Je te bénis.

Jésus

Jeudi 27 juillet 1995

Jésus te dicte: lorsque tu as foi que Je peux tout en l'âme qui M'aime, Je te bénis et te fais connaître Mes désirs pour toi.

Je t'ai dit, il y a bien longtemps: Jésus ne demande jamais à l'âme quelque chose qui l'attriste. Tu M'as écouté alors, mais pas entendu... Il t'a fallu dix-huit mois pour commencer à Me comprendre. Je t'ai bénie, et aimée, durant ce temps...

A présent, sache que lorsque Je parle à une âme, Je lui donne l'entière vérité, que Je Suis. Si Je te demande quelque chose, Je te rends heureuse de le faire: il Me suffit que tu Me donnes ton cœur avec une confiance absolue; alors, Je fais tout en toi et te rends heureuse de Me servir.

Tant que l'âme doute de Mon Amour, en s'inquiétant, c'est que le malin la tourmente parce qu'elle n'a pas la confiance absolue en Moi, le Christ.

Quand tu fais le pas de conversion totale que J'exige de toi, tu corresponds à la grâce divine, te mettant dans la réceptivité que Je nécessite pour entrer en toi.

Si tu dors, dans ton âme, Je t'éveille, pourvu que tu Me le permettes.

Je t'aime et te garde dans Mon Sacré Cœur pour la vie éternelle.

Quand tu as faim, viens à Moi et Je te nourrirai toujours.

Je te purifierai de toute tristesse, par la joie que Je mettrai en toi.

Jésus

Samedi 29 juillet 1995

Quand le soleil brille en toi, c'est que Je t'ai éclairée, Moi, le Christ. Je t'éclaire quand tu es tellement abandonnée à Mon Cœur Divin, que Je ne peux que fondre devant toi, Ma petite enfant…

Sais-tu? Je vais te reparler de ces fleurs de jardins et de ces fleurs des champs… que Je préfère, tant elles sont petites…

Toi, tu es une fleur des champs, magnifique parce qu'elle est un «moins que rien» et que Je l'ai créée. Tu n'es magnifique que parce que Je t'ai fabriquée, Moi ton Dieu. Tu pousses à l'état sauvage, en toute liberté, et personne ne te nourrit ni ne t'arrose: tu n'es pas une fleur cultivable, si ce n'est par ton Dieu, comme toutes les fleurs des champs. Et ta joie sera de te laisser modeler par ton Dieu en dépit de tout ce qui peut t'arriver, car si aucun jardinier ne prendra jamais soin de toi, tant tu es «sans race» aux yeux du monde, Moi, le Christ, veillerai sur toi avec la plus grande tendresse.

Les fleurs des champs sont humbles et cachées:

elles vivent là où l'œil humain avide de tentations terrestres ne va pas: dans la nature, sous le soleil de Dieu.

Parfois, une fleur des champs, plus belle qu'une autre, se laisse cueillir par des «yeux amoureux», afin de les consoler et de les apaiser dans leur souffrance.

Toi, Ma petite fleur, Je t'ai cueillie, en esprit (car J'ai laissé ta tige sur la terre pour un peu de temps encore), afin que tu apaises ton Dieu de tant de vice et d'impureté de ce monde.

Les fleurs des champs sont pures car elles ne savent rien, ne comprennent rien, n'ont envie de rien, si ce n'est de respirer le soleil de Dieu. Tu es une de celles-là, petite fleur que Je préfère… parmi d'autres.

Pourquoi ton Dieu se donne-t-Il davantage aux âmes «des champs»? Parce qu'elles sont incapables de rien et qu'alors, mues par la vie que Je mets en elles et qui se nomme amour, elles Me donnent de les unir entièrement à Moi, le Christ, par leur soumission à Ma volonté dans la joie de Me correspondre à ce point.

Maintenant Je vais te parler de ces belles fleurs que Je nomme «de race» et qui poussent dans de magnifiques jardins, arrosées et soignées par des mains expertes. Ce sont les âmes fortes, qui ont fait vœu de M'appartenir, et qui sont nourries par les lois de Mon Eglise, dans le sens où elles suivent de manière classique le chemin que J'ai tracé dans la tradition catholique et chrétienne. Elles sont fortes de leur volonté propre, et arrivent, de par leur ardeur, à M'offrir de lourdes pénitences, sacrifices, et croix, tant J'ai mis de force en elles. Les plus belles de ces âmes sont les saints connus, d'ordres religieux bien souvent, qui ont œuvré dans la droite ligne de l'Evangile.

Ces fleurs-là sont reconnues pour ce qu'elles sont: des âmes solides à toute épreuve, et prêtes à tout endurer pour Me plaire et Me décharger de la lourde Croix des péchés du monde.

Je les aime divinement et infiniment, ces belles âmes, et Je les nourris de Ma force, afin qu'elles portent leurs frères dans un renoncement total. Tu ne peux comprendre cela, petite âme: tu es trop enfant... ne cherche pas; ce n'est pas à toi que Je M'adresse en dictant ces lignes, c'est aux âmes fortes, qui se reconnaîtront et se sentiront appelées à la joie de Me servir ainsi.

Maintenant écoute: tu as compris que tu étais infime: plus petite encore que beaucoup de Mes petites âmes: tu es la poussière de Mon chemin de Vie; cela signifie: tu es un peu de la terre qui servira de support aux hommes qui voudront marcher vers Moi. Mais de par ta petitesse, Je viendrai à bout de cœurs durs et forts. Je Me révélerai en toi, Ma petite fleur, de manière surprenante.

Ne sois pas inquiète d'être si infime: c'est une grande grâce que Je t'ai donnée là, car si tu étais grande, Je n'aurais pas à Me pencher autant sur toi pour te nourrir et t'abreuver afin de te garder en vie.

Dieu brûle de Se donner. Comprends-tu le délice que Je peux avoir en Me regardant dans une âme à laquelle Je donnerai tout, tant elle n'a rien? Comprends-tu que loin de désirer de toi actes de ferveur et sacrifices divers et volontaires, Je n'aspire qu'à tout faire en toi, t'enveloppant de Mon Amour que ton cœur désire tant?

Comprends-tu que ce n'est que ton cœur qui a de la force, et que donc tu dois l'écouter, car Je le garde — et Me servir en ne faisant que M'adorer, Moi, le Christ?

Comprends-tu que Je t'ai choisie pour être le signe de Ma tendresse infinie, parce que tu es si petite que tu correspondras à la grâce divine en tout ce que Je te donnerai?

Et comprends-tu que Je brûle de Me donner aux âmes en Ma bonté infinie, en Ma douceur et en Ma tendresse illimitées, et que ce n'est qu'en trouvant un instrument minuscule et dépourvu de tout, que Je peux Me manifester?

Comprends cela, Ma petite âme choisie, et tu verras alors combien le Christ est grand de par Son humilité, pour venir supplier les hommes de Le laisser les rendre heureux, éternellement.

Je te bénis.

Jésus

Lundi 31 juillet 1995

Jésus te dicte: quand la nature s'éveille, le matin, sous le soleil, tout est joyeux, car la journée s'annonce, et les animaux et les plantes sont heureux de louer Dieu à leur manière, par la vie qu'ils ont en eux.

Alors, les oiseaux fredonnent des airs gais, les insectes bourdonnent en cherchant leur nourriture, les animaux des prés et des champs sillonnent la végétation afin de vaquer aux occupations que Je leur ai données.

Pour les hommes, c'est la «même chose»: Dieu a donné vie aux êtres humains, afin qu'ils s'éveillent dans la joie de contempler leur nouvelle

Si parfois les matins sont tristes, c'est parce que l'âme n'a pas atteint la maturité nécessaire pour être en Dieu, heureuse et amoureuse.

Je dois former ton âme doucement et sûrement, afin de la nourrir comme Je la désire, de tout Mon Amour.

Comme les arbres se forment lentement, faisant d'une tige fragile un tronc bien droit et ferme pour supporter les branches et les fruits, Je te solidifie pour que tu ne puisses jamais t'écrouler.

Je sais que tu es triste. Je le suis aussi de te voir ainsi, dans cet état. C'est parce que tu as accepté de porter Ma Croix que le démon se déchaîne contre toi aujourd'hui; mais n'aie crainte: le temps que Je lui ai alloué pour te tenter touche à sa fin.

Confiance et foi: voilà les deux mots-clés de ta guérison. Confiance en Moi, Jésus-Christ, qui te dis cela et t'aime de Mon Amour infini. Confiance et foi que Je permets ces épreuves et te débarrasserai de toute tristesse lorsque Je l'aurai décidé. Mais si tu avais confiance que Je suis là, entièrement et amoureusement, tu ne serais pas si sombre.

Quand les arbres fleurissent, ils oublient qu'ils ont été taillés pour porter beaucoup de fruit. Ils sourient alors et chantent louange à Dieu par leur beauté.

Toi aussi, petit arbre en fleurs qui bourgeonnent, tes fleurs s'ouvriront bientôt réjouissant Mon Cœur Divin et le tien.

Mon enfant bénie, Je veux que tu saches que Je te donnerai le sourire à partir du moment où tu auras compris que Je ne laisse jamais une âme qui M'aime dans la tristesse, et encore moins l'âme qui Me fait don de sa vie.

Beaucoup de saints ont eu Ma joie, et pourtant seuls ceux dont le cœur se mourait sans Moi ont eu la joie profonde et merveilleuse de connaître les secrets de Mon Sacré Cœur.

Alors bondis de joie, petite âme, de te laisser mourir involontairement, sans ton Christ pour te soutenir, car tu connaîtras les trésors de grâces que Je ne dévoile qu'aux tout-petits comme toi.

Quand aurai-Je le courage de te laisser endurer l'épreuve sans ressentir terriblement la peine dans Mon Cœur? Jamais, petite enfant, tant le Christ aime Ses agneaux.

Au «ciel», tu comprendras cela…

Si tu essaies de regarder ton cœur en Dieu, tu t'apercevras que Je le garde et lui donne Ma paix.

Je te bénis d'avoir retrouvé la joie de te savoir Mienne. Viens, Mon petit agneau: Je te porterai, toi qui ne sais tenir sur tes membres. Je te porterai et tu vivras.

Cette faiblesse que tu as est une grâce lorsque ton cœur ne fait que me désirer, Moi, le Christ, car alors tu as la place de choix de l'agneau que Je tiens dans Mes bras tant il est sans défense. Sois cet agneau, toujours, par ton amour démesuré pour Moi, petite enfant, et Je me réjouirai de te combler de Ma tendresse en te portant.

Pour tout ce que Je ferai pour toi, te choyant malgré les embûches de tes ennemis, Je ne te demanderai que de M'aimer aussi fort que tu le pourras.

Je t'aime et te bénis de M'avoir compris.

Jésus le Christ

Mardi 1er août 1995

Jésus te dicte: lorsque tu as la paix en toi, réjouis-toi car Je Me dévoile à ton âme.

Si tu as le désir de marcher à la suite du Christ, tu dois Me laisser affermir tes pas.

Si Je te porte, comme Je porte l'agneau sans forces, Je te demande de Me faire confiance en tout. Puisque tu préfères être dans les bras de ton divin Maître au lieu de marcher à Sa suite, viens: Je te porterai, mais tu devras Me laisser encore plus libre en toi que la brebis qui Me suit (image du bon Berger portant un agneau et suivi par des brebis).

Vois-tu? Les brebis qui Me suivent ont assez de force pour marcher sans s'écarter du chemin; et elles ont cependant certaine liberté de brouter ci et là en Me rejoignant ensuite.

Toi, petit agneau, si Je te porte dans Mes Bras, Je ne te déposerai pas pour que tu Me suives en te «promenant»: tu seras nourrie par Moi, le Christ, et ne pourras t'exposer aux dangers de la route librement.

L'agneau que Je tiens contre Mon Cœur... Je ne le lâche pas: il a la place de choix de par sa faiblesse, mais Je ne le quitte pas.

Es-tu disposée à ne pas t'écarter de Moi, à Me laisser totalement libre de Mes pas avec toi? Alors Je bénis ton oui, mais tu devras M'obéir en tout, enfant...

J'ai vaincu ton cœur, Ma petite fleur...

Sais-tu combien Je suis heureux? Eh bien pour la première fois, tu as répondu «oui» à Mon Cœur divin sans aucune crainte, en Me donnant ton cœur.

Puisque tu M'as fait ce cadeau, Je te donne d'ouvrir les yeux à la grâce que Je te fais de te nourrir aussi fort.

Vois-tu? La fleur desséchée de lavande produit du parfum après sa «mort». Il en est de même pour les âmes que Je choie spécialement; cela s'appelle: odeur de sainteté.

Je peux donner ce trésor aux âmes qui ne vivent que par et pour l'Amour, enfant..., ce qui n'est pas «habituel» dans les âmes...

Les saints ont leur «odeur de sainteté» après leur mort, dans le sens où ils sont connus et appréciés pour le don de leur vie sur terre. Mais en ce qui concerne l'odeur de sainteté qui se révèle aux sens physiques humains, Je ne l'accorde qu'à des âmes capables de Me donner l'amour pur; rien d'autre: l'amour seul.

Quand la fleur parfume les lieux après sa mort, comme la lavande, c'est parce qu'elle vit encore sur la terre, par ce parfum que le Créateur lui donne. Certaines fleurs flétrissent et pourrissent. Pour les âmes, Je fais ainsi, aussi: certaines âmes resteront encore un peu sur la terre par leur corps qui exhalera le parfum de la pureté, avant d'être inhumé. C'est un cadeau du Créateur à l'homme qui s'est offert totalement à Lui, dans le plus pur amour.

La lavande est une fleur sauvage qui pousse dans les montagnes, bien souvent, dans l'air pur et directement élevée par le soleil de Dieu. Personne ne l'écrase, dans ces montagnes isolées; personne ne la touche ni ne la salit: elle demeure une fleur pure.

De même en est-il pour l'âme qui vit dans le silence de Dieu, se contentant de Me laisser entièrement vivre en elle. Certaines âmes deviennent si pures, se mourant à elles-mêmes, que Je leur donne ce parfum du corps qui ne pourrit pas, parce qu'elles ont mis leur corps à Mon service autant que leur âme, se dépouillant de tout vice ou saleté, ne se laissant souiller par aucun air vicié. Ce sont Mes fleurs de lavande sauvage, en quelque sorte. Comprends-tu?

«Je suis un Amour» Me dis-tu... Oui, Je suis l'Amour, incompris et haï. Soulage-Moi, petite fleur, en étant dans la joie d'être une enfant si pure à Mes yeux divins, et console-Moi par ta franchise et ton intimité avec Moi, le Christ: Je le veux de toi ainsi.

Je te bénis en te disant: appartiens-Moi totalement par la confiance que Je mettrai en toi pour Moi, et Je ferai Mes délices en toi, petite âme!

Jésus

Jeudi 10 août 1995

Jésus te dicte: lorsque Mes bien-aimés sont en Mon Cœur divin, ils partagent tout de Moi, le Christ.

Pour M'appartenir totalement, l'âme doit avoir outre le désir fervent de Dieu, la foi totale en Mes paroles de vie.

J'ai dit, et redit, que les opprimés seraient réconfortés dans Mon Amour infini, pourvu qu'ils aient foi en Moi.

A toi petite enfant, Je dis: tu as vécu les assauts les plus éprouvants de ton appartenance au Christ, afin de fortifier ta foi que Je veux pure et sans tache.

A présent, tu as compris que Je n'attendais de toi que la confiance en Moi, le Christ. Tu as compris que, loin de te demander de te battre contre la torture de Satan à ton égard

— puisque tu en étais incapable — Je te demandais de t'abandonner à Ma Présence en toi, qui ferait tout — et fera tout —. Tu sauras à présent de plus en plus, que Je ne veux ni angoisse ni tristesse en ton âme qui s'est offerte pour l'éternité à Mon Cœur Sacré.

C'est seulement lorsque tu M'as dit, hier soir, en pleine souffrance: «mon Dieu, si tu ne Me délivres pas de cette torture, c'est que tu la désires pour moi», que J'ai pu enfin te serrer contre Mon Cœur et te donner la paix.

Tu avais foi que Je permettais l'angoisse de te trouver seule sans Moi (malgré le désir incessant de ton âme de voler vers Moi), si Je ne te guérissais pas. Eh bien Je t'ai montré que Je ne permettais pas ces souffrances pour les enfants comme toi, qui meurent d'amour pour leur Christ: Je t'ai guérie et tu as souri doucement.

A présent, aie foi que l'âme qui adore Dieu ne connaîtra que paix et joie dans la souffrance comme dans le bonheur, lorsque sa foi sera totale et parfaite.

Je t'aime, enfant, dans ta foi si douce à Mon Cœur divin.

Pour que Je puisse œuvrer en toi, dis-Moi toujours: «Mon Dieu, j'ai confiance que tu désires et permets tout ce qui m'arrive», et tu verras alors, toi que J'élève pour devenir le signe de Ma tendresse, que Je permets et désire paix et joie, pour toi.

Je te bénis; que ta foi devienne forte et immense, par l'amour que Je te donnerai d'avoir pour Moi.

Je t'aime. Regarde.

«Cœur Sacré de Jésus, j'ai confiance que tu me désires heureuse, dans la paix et la joie de Ton Amour.» Amen.

Jésus

Jeudi 17 août 1995

Jésus te dicte: lorsque tu vis le cœur en Moi, Jésus, Je peux entraîner ton âme dans les profondeurs de Mon Sacré Cœur.

Vivre en Jésus, c'est te laisser imprégner de la grâce divine qui est Mon Amour pour toi: cela requiert confiance et abandon.

Tant que ton âme n'a pas la maturité suffisante pour croire que Je suis Amour et que Je ne ferai rien qui te blesse, Je ne peux entrer pleinement en ton cœur.

Il faut un peu de temps, parfois, pour que l'âme comprenne cela..., car le démon enténèbre le cœur qui désire M'adorer, afin de couper cet élan passionné de la créature vers Moi, son Créateur.

Tu penses souvent — et c'est involontaire en toi — que Je te prive de Ma tendresse que tu désires tant, et en cela tu te révoltes malgré toi car tu ne peux te résoudre à te sentir loin de Moi. Mais tu dois faire confiance à Dieu qui te dit: Je te désire heureuse, petite âme...

Ces épreuves qui te torturent ne sont là — dans le sens que Je les permets — que pour te donner la confiance en Moi, le Christ. Si tu as confiance que Je t'aime au-delà de tous tes rêves, tu t'apercevras que les essais de Satan pour te faire croire que Je te prive de Ma Présence, sont vains. Il te suffit de croire et tu retrouveras Ma Lumière qui te fait si cruellement défaut.

Je désire que tu comprennes que tu es incapable d'endurer les assauts de Satan par toi-même. Il le sait et s'acharne à te laisser seule dans l'épreuve en te faisant te révolter malgré toi contre Moi. C'est la seule «chose» que le démon puisse te faire pour te blesser: te faire croire que Je te veux triste et découragée de ne pas Me ressentir assez.

Enfant, les épreuves que Je permets pour Mes âmes choisies sont source de paix et de joie: pas de tristesse et d'amertume.

Donne-Moi cette dernière parcelle de ton cœur, qui Me fait tant défaut: Ne crois plus que Je te désire dans cet état où tu sombres parce que tu ne Me vois plus…

Je te veux rayonnante de Ma joie divine: laisse-Moi faire, Je t'en prie, avec foi et persévérance, et ces tortures ne seront plus.

Abandonne-toi à la volonté de ton Dieu qui désire te nourrir et se faire connaître à toi.

Je te veux toute à Moi, petite enfant… Ne crains pas: rien ni personne et surtout pas le démon qui ne saurait t'arracher à Moi.

Je te dis ceci, Moi, le Christ: en signe de Ma tendresse, tu recevras la grâce de ne pas manquer de Moi, le Christ, par le don de Ma Présence constante et sensible que Je te ferai lorsque tu seras toute à Moi, Jésus.

Je te bénis.

Jésus

Vendredi 18 août 1995

Jésus te dicte: si ton âme s'abandonne en Moi, le Christ, ton cœur n'attendra pas en vain. Ma petite âme: cherche Ma paix, abandonne-toi davantage encore à la force de la foi et tu verras les trésors de grâces pleuvoir sur toi.

Abîme-toi dans les profondeurs de Mon Sacré Cœur: recherche-Moi et désire-Moi; tu entendras Mon Cœur divin battre pour toi et tu te réjouiras alors.

Ma force t'est donnée, Mon courage t'est donné. Ma paix t'est donnée: désire-Moi seulement et Je te donnerai tout ce qu'il faut à ton âme pour Me contempler dans la joie.

Permets-Moi de te donner Ma joie en Ma Présence que Je désire tant pour toi: abandonne-toi davantage encore dans la paix, veux-tu?

Je te bénis.

Si tu as foi, le malin s'épuise en vain: il ne peut rien contre toi.

Sache Me regarder dans la paix, en tout moment J'intensifierai Ma Présence et tu verras, ainsi…

Porte la croix que Je te destine, amoureusement: Je ne te laisserai manquer de rien.

Sois à Moi, le Christ, entièrement.

Je te demande le souffle de foi qui Me fera accomplir des merveilles pour toi. Aie confiance que Je te désire heureuse et laisse-Moi faire en toi.

Que Ma paix soit avec toi, toujours: elle t'est donnée, cette paix, si tu t'abandonnes avec confiance à ton Dieu.

Jésus

Jeudi 24 août 1995

Jésus te dicte: quand tu sens Ma paix descendre en toi, c'est que J'ai trouvé place en ton cœur pour Me manifester en te comblant de Ma grâce divine.

Je trouve de la place en toi au fur et à mesure que tu grandis dans ta foi en Mon Amour infini.

Crois, petite âme, que ton Jésus est si tendre et si aimant pour toi. Crois à l'immensité de Mes dons et de Mes grâces pour l'âme qui Me recherche; crois que tu peux être heureuse divinement et merveilleusement dès lors que tu te laisses unir à Mon Sacré Cœur dans la confiance et la foi totales.

Je te fais don de l'amour «infini» que tu Me demandes d'avoir pour Moi, le Christ. Je te le promets. Donne-Moi tout de toi; n'aie plus aucune peur, aucune retenue, et Je te dévoilerai Mon sourire.

Je ferai de toi l'objet de Ma tendresse.

Sois Ma confidente, comme Je suis ton confident. Dis-Moi tout; parle-Moi avec ton cœur; et Moi, le Christ, Je déchargerai Ma croix sur tes épaules en te donnant l'union intime avec ton Créateur.

La grâce de l'amour, Je la donne à l'âme qui attend tout de Moi, en s'abandonnant complètement à Ma volonté dans la paix et la joie de se sentir autant aimée de Moi, le Christ.

J'aime chaque âme infiniment, et cependant, seules les âmes qui Me désirent du plus profond de leur cœur ont accès aux richesses de Mon Sacré Cœur.

Les autres âmes (les tièdes, les athées...)... Je les attends et frappe à leur porte, mais Je ne peux leur donner Mon Amour si elles ne l'acceptent pas...

La différence entre Mon petit enfant et l'âme qui Me refuse ouvertement..., c'est celle-ci: quoique Mon Amour soit infini, pour chaque être, Je Me repose en Me donnant à Mon enfant, et Je souffre dans l'âme qui ne me désire pas.

Enfant... J'aime les âmes enténébrées d'un Amour divin et merveilleux, et cependant Je ne peux leur donner la tendresse que Je réserve aux tout-petits comme toi.

Si, enfant: J'ai de la tendresse pour ces âmes-là dans le sens où Je suis tendresse, mais elle ne se manifeste pas si l'âme ne M'accueille pas.

Pour répondre à ta question à propos des pharisiens qui Me refusaient, Je te dis, Moi, le Christ: Je ne pouvais les aimer d'un amour de tendresse comme Je donnais à Mes apôtres bien-aimés. Je les aimais d'un Amour tel que Je donnais Ma Vie pour eux aussi, et en cela Mon Amour était parfait; mais Je ne pouvais leur donner l'intimité d'une union qu'ils ne désiraient pas et combattaient.

Je n'aime pas moins une âme enténébrée qu'une âme très proche de Moi; cependant Je Me donne à la mesure du désir de Dieu dans ces âmes, ce qui explique Mes prédilections... et Mes souffrances.

Mon Amour n'a aucune limite pour celui qui Me désire; il a les limites imposées par celui qui Me refuse, dans le sens où Je ne peux forcer l'homme à désirer Mon Amour: Je poursuivrai donc ce dernier de Mes appels jusqu'à sa dernière heure par l'Amour infini que J'ai pour lui «en attente», mais Je ne peux entraver la liberté de l'homme.

Crois, Mon enfant, que Mon Amour est parfait et infini pour l'âme la plus pécheresse de la terre; crois que Je redonnerais Ma Vie pour la sauver, et crois aussi que Je ferai justice cependant chez les âmes que J'aime tant et qui Me crucifient encore par leurs outrages volontaires et répétés.

Quand l'âme ouvre son cœur à l'Amour, rien ne peut arrêter l'élan de son créateur envers elle: elle connaîtra Mes joies, Mes peines, Mes passions, Mes souffrances... Je Me donnerai à elle totalement et infiniment.

Quant à l'âme qui Me combat, Je ferai des appels douloureux dans son cœur, afin que Je la sauve et l'emmène au plus profond de Mon Cœur Sacré...; appels douloureux pour Moi, le Christ, et pour elle si elle s'acharne à Me refuser. Car, si Ma Miséricorde est infinie, Ma justice est et sera éternellement.

Mais toi, Mon petit agneau si craintif, serre-toi contre le divin Cœur de ton Jésus, et écoute Mes secrets d'une oreille distraite, afin que Je puisse te garder en contemplation devant Moi, sans aucun autre «souci» que de M'adorer.

Je te bénis.

Jésus

Lundi 28 août 1995

Jésus te dicte: lorsque tu écoutes en paix Mon Esprit de Sainteté, tu avances et avanceras toujours… Pour que Je puisse te combler de Mes grâces, Je dois être ton seul regard.

Tu n'as besoin de penser ni à tes occupations «terrestres» ni à personne d'autre que Moi, le Dieu de tout ce qui est. Ose croire à cela, Mon enfant. Ne te soucie plus de rien ni de personne: Je ferai tout pour toi si toi, tu t'occupes de M'aimer.

Tu es surprise de voir que Je peux M'occuper de tout détail, de toute rencontre, à ce point? Eh bien, c'est ce que Je désire pour chaque être du monde: lui donner le bonheur de M'adorer et M'occuper de tout ce qui doit être fait (les devoirs) par l'homme.

Si tu M'aimes à la «folie», Moi, ton Dieu, ferai Mon repos en toi.

Parviens à la paix intérieure en chaque instant, en sachant que Je t'aime et te désire heureuse: que rien ne te déroute, entends-tu? Je t'aime tant, que Je ne te veux déstabilisée pour rien de ce qui peut se passer dans le monde.

Je sais que tu es fragile et qu'un rien te fait peur; mais Je suis là, Moi, ton Dieu, et Je te promets que Je te rendrai forte de Mon Amour à un point que tu ne saurais imaginer.

Mes folies pour les hommes…: elles te sont toutes destinées, enfant qui M'écoute, pourvu que tu les veuilles, en n'ayant d'autre souci au monde que de M'adorer.

Vois-tu... lorsque tu ne désires plus Me dire une seule parole, tant tu es en Ma Présence, c'est ainsi que Je te désire: tellement Mienne que tu n'articules plus la moindre parole; «tu n'as plus le temps!»

Alors ne t'inquiète plus de penser que tu dois, t'efforcer de parler avec les âmes quand Je ne le désire pas de toi, car le bavardage est futile et vain et éloigne l'homme de Moi.

Que les convenances s'arrêtent pour toi à la vérité. Tu ne saurais être vraie en t'arrêtant au verbiage de tant d'âmes qui disent M'aimer et parlent avec «leur charité» qui n'est pas la Mienne.

Que tu aies un sourire et une parole aimable pour un non-croyant: tu le dois, car il est Mon bien-aimé. Mais pas plus.

Quant à bavarder amicalement avec des âmes qui M'aiment, Je ne te le demande pas: tu as l'impression que tu trahis ton Dieu en te forçant à parler de choses sans importance avec ces âmes-là? Tu as raison. Je te veux vraie: donne le silence de ton âme, et parle lorsque Je le désire. Je ne tolérerai pas de toi que J'ai choyée pour être vraie, que tu sois dans le monde selon les désirs des hommes. Que pas une parole ne traverse tes lèvres sans que tu Me regardes, Moi, le Christ, et tu t'apercevras que loin de négliger tes frères en te taisant comme Je le veux de toi, tu les aimeras d'un amour sincère, en leur montrant que l'âme silencieuse conduit à Dieu.

Donne au monde de comprendre que la vraie charité divine — est autre que gentillesse humaine. Etre charitable à Mes yeux est donner, au-delà et en plus des nécessités vitales, l'amour de Dieu et le silence pour Me comprendre. Ce n'est en aucune façon donner des paroles humaines dans le but de faire plaisir par vous-mêmes.

Mais ton cœur comprend cela, petite âme... Tu le comprends si bien que Je te bénis de ne pas désirer trahir Mon Cœur Divin et Sacré par cette charité humaine et convenante.

Non, rassure-toi, ton Jésus n'a jamais participé, de son vivant sur la terre, à une conversation de convenance. Mon Amour était parfait (est, enfant...) et en cela, il est vérité, et Je ne parlais que pour instruire l'âme et lui donner le vrai bonheur. Quiconque a le cœur simple et droit peut être instruit simplement, à travers Mes paroles d'Amour et de Vie.

Fais ainsi que J'ai fait: en vérité, sur la terre... et ne te préoccupe pas de l'avis des âmes qui veulent que tu parles leur langage.

Toi, petite âme, parle comme Je le désire, et tais-toi lorsque Je le désire également. Que ta conversation se borne alors à un sourire, et ton Dieu te bénira de L'aimer aussi fort et aussi fidèlement.

Tu avais raison, Mon enfant... de parler de trahison si tu t'attachais à faire plaisir au monde selon les convenances humaines...

Crois-Moi tu seras fortement incomprise par les orgueilleux et les cœurs savants qui ne sont que dureté...

Mais toi, sois-Moi fidèle cependant, et suis-Moi.

Je te bénis.

Jésus le Christ

Mardi 29 août 1995

Jésus te dicte: dans peu de temps, Je ferai justice dans cette terre si dépravée par le mal qu'elle accepte, enfant...

Dans peu de temps sonnera le glas de Ma Venue sur la terre...

Pourquoi le glas? Eh bien parce que Ma Venue annoncera la mort du péché et de l'esclavage des âmes dans la débauche et la perversion volontaires…

Le glas car, pour tuer le péché et rendre à la terre la lumière de l'Amour, il faudra que Je permette la souffrance de l'âme et du corps qui Me haïssent tant…

Seulement ainsi Je pourrai faire venir à Moi des âmes qui ont atteint un tel degré de cruauté que rien ne pourrait les faire ouvrir les yeux…

Souffrance terrible de voir en soi comment l'âme a accepté tout ce mal…

Souffrance qui fera périr les corps tant la douleur sera forte…

Et pourtant souffrance salutaire car elle rendra la vie à ceux qui mourront de voir leur misère et se repentiront.

Les temps qui s'en viennent seront terribles, car Je veux sauver cette terre pour laquelle J'ai donné Ma Vie.

Je veux que chacun sache que Je Suis, et qu'en dehors de l'Amour ne se trouve que la souffrance…

Revenez à Moi, pauvres âmes devenues vipères à cause de votre orgueil de vouloir être quelque chose aux yeux du monde.

Revenez à la pureté et à la simplicité de cœur et d'esprit. Ainsi seulement vous Me retrouverez, vous que J'ai tant aimés…

Quand Ma Justice sera là, et cette heure sera terrible, vous verrez Ma gloire et choisirez alors définitivement le bien ou le mal.

Revenez, pauvres âmes chétives, devenues des objets que Satan manie librement pour vous exciter à la folie du mal…

Si vous saviez combien votre Dieu souffre de vos agissements égoïstes, sans le moindre regard d'amour vers Moi!

Mais vous n'êtes bons à rien de vous-mêmes... Comment pouvez-vous vous croire capables du moindre acte de bonté, alors que vous n'êtes pas même capables de lever le petit doigt? Comment pouvez-vous arriver à l'orgueil suprême de dire que vous faites le bien et que vous Me servez ainsi? Ne savez-vous donc pas que c'est une grâce que Je vous donne, de faire la moindre bonne action? Comment pouvez-vous vous accaparer le privilège de dire: «J'ai fait ceci, et c'est bien»? Pourquoi refusez-vous de voir que vous êtes gonflés d'orgueil, et que votre bonté humaine — car vous vous croyez bons — est détestable à Mes yeux lorsque vous pensez que vous pouvez faire quelque chose de bien...

Pauvres âmes... comme vous êtes loin de la vérité.

(Jésus est las, enfant... Repose-Moi: nous continuerons ensuite...) Prions:

Mon Dieu,
Toi qui nous as donné la vie,
Ouvre les yeux
Des âmes orgueilleuses et enténébrées,
Spécialement des âmes
Qui ont fait vœu de T'appartenir
Et conduisent leurs frères dans l'erreur.
Pardonne-leur, ô Père,
Et donne-nous
Un amour d'enfant pour Toi,
Afin que nous Te soulagions
Dans Ta douleur
En rachetant

Pour les pécheurs,
Simplement,
En T'aimant.
Amen.

Je te bénis, Ma petite enfant... Apaise Ma colère lorsque Je te le demande, en M'écoutant avec ton cœur d'enfant.

Jésus le Christ

Mercredi 30 août 1995

Jésus te dicte: lorsque tu as le sentiment d'être une étrangère sur cette terre de ténèbres, Je le comprends et le désire de toi, ce sentiment.

Car la terre où tu vis est peuplée de mal, de misère, de maladies de l'âme; de refus de Dieu.

Plus tu approcheras Mon Cœur divin (plus Je te ferai le connaître) et plus tu te sentiras étrangère à tout ce qui t'entoure ici-bas.

Mais Je ne te permettrai pas d'être lasse et découragée par la boue de ce monde. Ne te sens pas seule ici-bas; sens-toi aimée de Moi, le Christ, et non abandonnée. Plus un seul instant tu ne seras seule, dès que tu accepteras de vivre pleinement sous Mon regard d'Amour et de Paix que Je pose sur toi.

Je te veux forte et joyeuse au milieu des immondices de cette terre, qui jonchent les âmes et les lieux...

Je t'ouvrirai les yeux et te révélerai Mon Cœur divin, de manière à te donner la force surnaturelle de Me servir au milieu de ces détritus, sans l'ombre de la tristesse.

Enfant, ton bonheur est en Dieu; quoi qu'il se passe sous tes yeux, regarde-Moi et Je te tiendrai debout.

Que Ma joie soit en toi et ne te quitte jamais. Donne-Moi l'abandon de ton cœur, en chaque instant: regarde-Moi et laisse-Moi regarder en toi. Aime-Moi et Je ferai le reste.

Comment M'aimer davantage? En ne permettant plus au démon de te torturer par le découragement et la tristesse qu'il engendre en toi en te cachant Ma tendresse et Ma présence.

Pour cela, tu Me dois la confiance absolue. L'as-tu? Sais-tu en ton cœur que le Christ te veut nourrir de Sa tendresse infinie, de sorte que tu sois capable de Le servir dans la joie malgré les infamies que tu entendras?

Alors, que ta confiance soit récompensée par Ma paix.

Aime-Moi et ne fais rien d'autre: entends-tu? Je désire que tu n'éprouves que Mes sentiments, que Je mettrai en toi; n'écoute plus les tiens: donne-les Moi; comprends-tu?

La tristesse, la lassitude: donne-Moi cela qui vient de l'ennemi qui te hait de désirer l'Amour. Chasse-les, et Moi, le Christ, J'habiterai en toi.

Je ne te laisse que ta sensibilité si tendre pour Moi, ton Dieu: cela vient de Moi et de toi. Le reste, tout le reste: donne-le-Moi.

Ne vis que par ton amour pour Moi: ne pense plus, ne réfléchis plus, ne parle plus, n'éprouve plus rien; et Moi, le Dieu de tout ce qui est, ferai alors Ma volonté en toi.

Es-tu prête à cela? Le sacrifice de toute ta vie pour que Je rende heureuse cette âme d'enfant que Je Me destine… le feras-tu avec joie, librement? Alors Je te bénis. Tu grandis, enfant…

Jésus

Jeudi 31 août 1995

Jésus te dicte: si tu es dans un nuage, tu n'aperçois pas le soleil, et pourtant il est là, tout près de toi.

Quand tu souffres de ne plus voir Ma lumière, tant les ténèbres de l'ennemi t'entourent, essaie de percer ce brouillard avec le regard de la foi. Traverse-le entièrement en sachant que Ma force t'est donnée pour cela et que Je te guide sûrement.

Avance, petite âme, et le brouillard se dissipera car il est moins fort que toi qui as l'amour de Dieu en ton cœur.

Pour que tu puisses sortir facilement de ces nuages éprouvants pour ton âme, tu ne dois regarder que la mission que Je te confie, Moi, le Christ, et avancer sur ce chemin.

Pour être le signe de Ma tendresse pour le monde, Je dois te donner beaucoup, et, afin que tu donnes la profusion, Je dois essuyer toute larme de tes yeux afin que tu n'aspires qu'à offrir sans plus te regarder si triste.

Mais pour que Ma volonté soit établie en toi, il Me faut l'adhésion de ton cœur. Je n'attends pour te délivrer que ta confiance absolue en ce que Je désire pour toi.

Pour que tu endures sans défaillir les paroles de haine qui te seront adressées, Je dois verser en ton âme la force de Mon Amour.

Je désire te donner cette force. Ma tendresse vivifiante en chaque instant.

Me donneras-tu ce regard de foi que J'attends? Foi que Je désire t'unir à Moi, le Christ, en chaque moment, en te délivrant enfin de ces épreuves si terribles?

Quand tu auras compris que ton âme est sous Mon regard de bienveillance en chaque instant, et que, loin de te désirer privée de Ma lumière, Je veux te la donner dans des proportions que ta raison n'imaginerait pas, tu auras la guérison, et Satan ne te fera plus de mal dans ton cœur.

Petite enfant, Je sais ce que tu souffres, et, loin de te dire: porte avec joie cette croix, Je te dis, Moi, le Christ: bats-toi de toutes Mes forces contre ces ténèbres que Je ne désire pas pour toi, et que Je permets cependant si terribles pour que Je te délivre tout à fait: et en ce sens-là, réjouis-toi, car tu recevras beaucoup…

Jésus

Samedi 2 septembre 1995

Jésus te dicte: quels que soient les visages fermés et amers que tu croises sur ta route, ne te décourage jamais et espère en Dieu qui peut redresser les cœurs les plus enténébrés.

Que le sourire que Je te donne, Moi, le Christ, soit sur tes lèvres partout où tu iras. Ne regarde pas le péché et en cela n'aie pas peur des âmes si loin de Moi; regarde l'âme en sachant que Je l'ai créée avec Amour, afin qu'elle soit digne d'entrer dans le bonheur éternel si elle le désire.

Regarder l'âme, c'est avoir pitié bien souvent des âmes tellement entourées de ronces qu'elles sont presque mortes.

Si tu as du mal à discerner l'âme, tant la boue la cache, sache que Moi, le Christ, aime cette âme et veux la sauver; alors, pour Moi, ton Dieu, donne le sourire de paix et de repos à ces êtres, et donne ce que Je te demanderai.

Mais n'aie pas peur de ces hommes qui vivent dans l'obscurité: ils ne te feront pas de mal; ceux-là sont aveugles, mais ne seront pas tes calomniateurs.

Tes persécuteurs seront bien souvent des âmes qui disent M'aimer, Moi, le Christ…

Je ferai changer le cœur de bien des hommes grâce à Mes petits instruments disséminés dans le monde, enfant…

Quand tu es dans le monde, regarde-Moi, le Christ, et ne te préoccupe de rien d'autre: si tu essaies de ne pas Me quitter du regard, Je te donnerai de voir avec Mes yeux, et alors, tu Me resteras unie.

Je te demande de parcourir le chemin qui te reste à faire, sur cette terre, en union avec Mon Cœur Sacré, et avec le Cœur immaculé de la Vierge Marie, Ma Mère bien-aimée.

Sens-toi choyée par nos deux cœurs unis, et ne t'arrête de donner au monde que lorsque Je viendrai te chercher, Moi, le Christ…

Je te bénis.

Aime-Moi toujours autant, et Moi, le Christ, te consolerai de toute souffrance, car Je ne laisse jamais une âme de bonne volonté dans la tristesse.

Ma joie entrera en toi, petite âme, et ton Dieu t'unira à Lui, si fort que tu soulageras Mon Cœur Sacré qui souffre de te voir si lasse.

Je te donnerai de Me comprendre…

Jésus

Dimanche 3 septembre 1995

Jésus te dicte: afin que les arbres donnent du fruit en abondance, il faut les fortifier et les débarrasser de toute plante nuisible qui viendrait s'entortiller autour d'eux.

Je dois apprendre à ton âme à se laisser nourrir de Ma joie et de Ma paix et, pour qu'elle M'écoute, Je dois la débarrasser de tout ce qui l'encombre en lui donnant la peur et la tristesse.

Pour que Je puisse œuvrer en toi, il Me faut ta confiance, car ton âme est libre, et Je ne la force jamais.

Pour que Je puisse te faire don de Ma tendresse si grande pour toi, Je dois te débarrasser de toute crainte de Moi, le Christ.

Pourquoi souffres-tu autant, enfant bénie de ton Dieu?...

Parce que tu désires beaucoup et Je désire te répondre encore davantage.

Mais tu ne vas pas souffrir «toujours» ainsi, Ma petite âme, car où serait Ma réponse?...

Je ne réponds pas au cœur qui Me recherche autant que toi, par la souffrance... Ne crois pas cela...

Je le fortifie, le choie en lui retirant ses «ronces» et viens faire Ma demeure en lui quand il est temps pour cela.

Grandis bien vite, petite âme, en Me laissant te donner un amour de tendresse tellement grand pour Moi, ton Dieu, que plus rien ne t'effraiera ici-bas.

Ce sera ta force, contre le mal qui se déchaînera contre toi d'ici peu...

Quand l'âme vit en Dieu, si fort que plus rien de la terre ne l'attire, alors, les hommes faux se déchaînent...

Pourquoi? Parce que le démon tremble de peur devant une âme tellement unie à Mon Sacré Cœur: alors, il déchaîne les passions chez ceux qui peuvent encore le servir par leur faiblesse devant le mal.

Je sais que cela ne t'effraie pas: Je t'ai donné la force pour cela...

Viens, petite âme, bien au fond de Mon Sacré Cœur, et là, rien ne t'arrivera; que la foudre et la tempête s'abattent sur toi, Je te le promets: elles ne t'atteindront pas.

Je te bénis.

Jésus

Lundi 4 septembre 1995

Jésus te dicte. Je suis le Tout; tu es le rien; et le rien peut faire les délices du Tout dans la mesure où il accepte son état de «rien» (sans Dieu), Me permettant alors de venir l'habiter totalement.

Si le rien demeure Mon enfant bien-aimé en demeurant dans l'humilité de celui qui ne sait rien, alors Je Me donne à lui bien fort: davantage qu'à celui qui a la connaissance de bien des choses et qui œuvre beaucoup en croyant que tous ses efforts et ses actes viennent de lui.

En certaines âmes, J'ai mis beaucoup de volonté; en d'autres moins; cependant, ceux qui sont faibles, sans force devant l'épreuve, ont reçu d'autres grâces: car chacun est servi justement, dans la création de son âme.

Certains hommes ont reçu de Moi, Dieu éternel, de marcher contre vents et marées: c'est Ma force qui les tient ainsi; et ils n'en sont pas toujours conscients.

D'autres ont reçu le désir de l'Amour — que Je suis —, de manière à ce que leur faiblesse ne les prive jamais du royaume de Dieu. Ceux-là sont Mes petits, qui auront beau faire des efforts… cela n'ira pas… jusqu'au jour où ils comprendront que Dieu n'a permis leur faiblesse que pour venir en leur cœur de façon intime et merveilleuse, afin de faire tout ce dont ils sont incapables. Mais, si Je désire porter ces agneaux, Moi, le Christ, Je désire qu'Ils M'obéissent, qu'ils M'aiment au-delà de toute raison. Je ne leur demande que de Me désirer et de se laisser conduire par Moi là où Je les emmènerai: sans questions, sans crainte…

Je leur demande une grande confiance…

Comprends-tu?

Donne-Moi tout: Je te bénis. C'est ainsi, lorsque tu as le sentiment de ne plus être rien, que Je te bénis de t'être abandonnée totalement…

C'est alors que Je viens, Moi, le Christ.

Je t'aime si fort…

Je proclamerai la tendresse que J'ai pour le monde, à travers toi, Ma petite âme…

Sois Mienne, pour l'éternité.

Jésus le Christ

Mardi 5 septembre 1995

Jésus te dicte: quand les fruits sont mûrs, la main de l'homme vient les cueillir. Ils sont mûrs, quand ils s'abandonnent en se laissant cueillir facilement…

Quand l'âme a produit de bons fruits que sont le courage, la persévérance, la charité et la foi dans l'espérance, elle s'abandonne alors facilement à Mon Esprit de Sainteté qui vient l'unir en Lui à Dieu, le Créateur de tout ce qui est…

Les bons fruits sont les efforts, les pas que Dieu demande à l'âme en donnant Sa grâce pour avancer.

Quand l'âme a réussi à produire ces efforts, elle s'abandonne facilement et Je peux, alors, la nourrir autant que Je le désire, Moi, le Christ.

Quand Je viens visiter une âme qui Me désire de tout son cœur, Je la forme, la nettoie, la préparant ainsi à recevoir Mes grâces divines au mieux.

Je mendie l'amour des hommes, enfant, et tu crois encore que Je suis las de toi qui ne sais que pleurer lorsque tu Me perçois moins…

Crains-tu donc autant ton Dieu pour croire que Je ne peux te guérir de ta tristesse parce que Je suis insatisfait de toi?

Alors écoute: le Christ, que Je suis, ne te laissera pas dans l'erreur.

Si tu aimes ton Dieu, Il te donne la vie et la paix, et la joie. Crois-tu cela?

Afin que tu Me comprennes, Je te dis: les épreuves de purification préparent l'âme à cette paix et à cette joie que Je désire te donner.

Si tu ne sais combien Je t'aime, Moi, le Christ, Je te demande néanmoins d'espérer beaucoup... Je te donnerai le sentiment de Ma présence constante comme bien peu d'âmes l'ont reçu.

Afin que tu guérisses dans le feu de Mon Esprit Saint, Je te dis, Moi, le Christ: ose croire à Mon Amour si grand pour toi, Ma petite âme si faible et si aimante.

Je te bénis.

Jésus

Jeudi 7 septembre 1995

Jésus te dicte: lorsque tu aimes quelqu'un, as-tu le désir de le rendre heureux? Et tu t'affliges lorsqu'il s'afflige, n'est-ce pas?

Quand tu Me demandes un cœur qui aime «infiniment», sais-tu ce que cela signifie?

Cela signifie que le désir de Dieu que Je te donnerai te poussera à donner ta vie entière à Mon Sacré Cœur.

Désires-tu aimer autant ton Dieu?

Je bénis ton «oui».

Pour que tu aies l'amour en toi pour Moi, le Christ, Je dois te donner de Me connaître et te nourrir de Mon Essence divine qu'est Mon Amour.

Quand Je donne Mon Amour à une âme, Je lui demande de partager Mon Cœur entier avec ses désirs, ses joies et ses peines. Je lui donne l'union avec Mon Cœur Sacré autant qu'elle le désire.

Ne crois donc plus que Je destine ton âme à la souffrance sur la terre. Crois que Dieu ne saurait laisser une âme qu'Il aime sous le feu de l'ennemi lorsque cette âme a traversé le désert de la purification.

Sers-Moi en espérant tout de Moi, ton Dieu. Donne-Moi avec joie (la joie que Je mettrai en toi) les pénitences que Je t'ai proposées, et ce, afin de t'unir davantage à Moi, et de M'aider par ton amour à sauver les pécheurs endurcis.

Ne te retourne pas, Ma petite âme, sur tant de souffrances passées. Ton Dieu est venu t'apporter la joie et non le découragement.

Que ton âme, purifiée par la souffrance, donne désormais le rendement pour lequel Je l'ai préparée: beaucoup de fruits.

Je t'ai préférée depuis que tu es, Moi, le Christ. Pourquoi? Parce que Je savais que tu M'accueillerais si fort.

Je Me révélerai à Mes petits, toujours, Mon enfant... Si tu savais le bonheur de Dieu en ton âme, tu chasserais bien vite ces doutes qui t'accablent: Moi, le Christ ai écrit cela.

Mon enfant, afin que la joie devienne ton amie, Je te dis, Moi, Jésus: de si petite âme que toi, Je n'en ai que très peu sur la terre; alors écoute: crois-tu que ton Dieu puisse te laisser ainsi aux mains de l'ennemi, toi qu'Il chérit tant?

Mon enfant... Dieu donne la joie à Ses tout-petits, et personne ne saurait L'en empêcher.

Ma «grande» enfant, regarde le soleil: il vient à toi.

Jésus

Samedi 9 septembre 1995

Jésus te dicte: si le désir de Dieu est fervent dans l'âme, Je la dispose à recevoir Mes grâces divines.

Comment le désir de Dieu devient-il fervent? Lorsque l'âme est assez mûre pour comprendre que le vrai bonheur est en Moi, le Christ, et qu'elle a accepté de se détacher du «terrestre» désirant aimer.

Alors, quand l'âme s'aperçoit que rien ne peut la combler ici-bas, Je Me dévoile à elle et lui donne de Me désirer.

Quand Je suis certain qu'elle ne Me quittera plus, Moi, le Christ, Je l'épure afin de la préparer aux nombreuses grâces que Je lui destine.

Je l'épurerai sa vie durant, cette âme que Je Me donnerai; cependant, la grande purification de son âme durera peu de temps: le temps de la confiance en Dieu, inébranlable, que J'exige de toute âme à laquelle Je confierai Mon Amour et Ma joie en Ma paix.

Pour que le don de Mon Esprit-Saint parvienne en son âme, Je dois former et élever l'homme qui Me donne sa vie. Alors, il sera prêt à recevoir Mon Amour qui sera son «ciel sur la terre».

Peu d'âmes sont purifiées grandement sur la terre, enfant, en passant par ces épreuves si terribles que tu as traversées, parce que bien peu ont le désir de Dieu aussi fervent que Je l'ai mis dans ton cœur. Peu d'âmes sont comblées de Mon Esprit de sainteté, et ce chez Mes âmes religieuses également, parce que peu de cœurs s'ouvrent à Ma grâce. Le désir de Dieu est tiède chez bien des âmes consacrées...

Je sais que tu ne connais pas d'âmes qui ont vécu de semblables épreuves, et que tu crains de demeurer la vie durant dans cette torture de ton cœur.

Non, Mon enfant bien-aimée: ne crois pas cela; si peu d'âmes reçoivent semblables purifications, c'est que bien peu M'aiment...

Et Je te dis, Moi, le Christ: Je te veux radieuse et rayonnante de Ma tendresse infinie; alors ne crains plus de demeurer dans ce «purgatoire atroce»: tu n'y demeureras pas.

Je viens à toi, Moi, ton Dieu, et te bénis.

Jésus

Dimanche 10 septembre 1995

Jésus te dicte: lorsque tu as œuvré pour Moi, le Christ, en consolant les âmes affligées que Je t'ai donné de croiser aujourd'hui, Je t'ai bénie.

Fais Ma volonté, toujours, en Me laissant M'exprimer à travers toi: ne pense pas; ne réfléchis pas à ce que tu peux dire: laisse-Moi faire et aime-Moi.

Je donnerai au monde de connaître Mon divin Cœur comme ce qu'il est: cœur éperdu de ce que les hommes appellent sentimentalité et qui est l'essence de l'Amour. Mes âmes consacrées elles-mêmes ont dépeint Mon Cœur comme étranger à toute sentimentalité humaine, considérée comme dangereuse par bien des hommes, et ont fait de Moi un Dieu au Cœur dur et froid.

Si la sentimentalité humaine peut être mauvaise en ceux qui Me refusent leur abandon total (à Moi, le Christ), elle est bonne et nécessaire à ceux qui désirent M'adorer, du fond de leur cœur, comme Je le souhaite de toute âme.

Par toi, petite âme, Je donnerai Mon affection au monde, à tant d'âmes esseulées et tristes de se sentir dépourvues de tout don d'amour. Je consolerai, comme une mère console son enfant car elle souffre de le voir affligé; de même, Je viendrai,

Moi, le Christ, en M'exprimant par de petits instruments dociles et tendres comme toi, et Je nourrirai cette terre assoiffée d'amour…

Je suis tendre et délicat avec ceux de Mes enfants qui Me respectent et M'adorent. Je serai ferme avec les cœurs froids et durs, sans jamais leur refuser Mon Amour.

Mais ne dites pas, ô âmes consacrées à Mon service, que la sentimentalité est à proscrire chez Mes agneaux; ne leur refusez pas, chez ceux que J'appelle ainsi, de Me donner leur cœur.

La spiritualité de l'âme est fausse et «légère» si elle ne s'accompagne pas du sentiment profond d'amour, dans le cœur de celui qui M'aime.

Une âme ne peut devenir parfaite dans sa spiritualité, que si elle adhère entièrement, du plus profond de son cœur, à l'intimité avec Mon Cœur divin que Je désire lui donner. Si elle n'éprouve pas le sentiment de l'amour, elle est dans le chemin de l'imperfection.

«On» objectera à Mes paroles qu'il s'est trouvé des âmes arides, la vie durant: ces âmes saintes que Je bénis, brûlaient de Mon feu divin en désirant porter cette croix que Je leur proposais: et si elles n'éprouvaient pas le sentiment de l'amour parce que Je le leur avais caché, Moi, le Christ, il était là cependant, car pas un homme ne peut Me servir jusqu'à la sainteté sans Mon feu d'Amour en lui.

Maintenant, en ces temps si dépourvus de tendresse, Je désire des âmes qui Me recherchent dans leur sentiment: Moi, le Christ, Jésus, ai écrit cela: Je désire que les âmes éprouvent de la sensibilité et de la délicatesse dans leur amour pour Moi, qu'elles Me demandent la grâce immense de Me donner à elles «sentimentalement» de sorte qu'elles brûlent de Me connaître et de M'adorer davantage en ressentant Mon Amour particulier pour chacune d'entre elles.

Je veux des âmes brûlantes comme toi, Mon enfant bénie que J'ai comblée de ce désir fervent de Dieu incessant en ton âme.

Je désire que les âmes Me deviennent fidèles en connaissant Mon Amour exclusif pour elles, et que Je puisse délecter Mon Cœur divin en Me donnant à la mesure de l'audace de l'homme à mendier Mon Amour.

C'est par cette effusion de l'Esprit-Saint, qui est Mon Amour, que Je referai ce monde.

Et en ce temps si terrible où la haine et le mal se déchaînent, Moi, le Christ, et Mes petits agneaux, nous sauverons le monde, en nous aimant, simplement et amoureusement, dans Mon Cœur divin uni à celui de Marie, la très sainte Mère de Dieu que Je suis.

Va, petit agneau: va montrer Ma tendresse au monde et ne te laisse jamais apeurer par ceux qui te maltraiteront en te tournant en dérision.

Car, si Moi, le Christ, suis lent à la colère, Je serai néanmoins sévère et juste envers ceux qui désireront toucher un cheveu de la tête de Mes petits.

Je te bénis, Mon petit enfant si sensible à ton Jésus.

Jésus

Lundi 11 septembre 1995

Jésus te dicte: quand les cieux s'ouvriront pour que le feu de la colère divine, appelé par la haine des hommes, s'abatte sur la terre, J'aurai sauvé beaucoup d'âmes, Mon enfant, et seules celles qui auront refusé ouvertement la divine Miséricorde, seront condamnées à souffrir de la colère de Dieu face à leur cruauté envers Moi, le Christ.

J'enflammerai les éléments, et de ce feu sortira la haine des hommes, pour ne plus jamais revenir.

Ce sera purification de la terre, car Dieu ne laisse jamais le mal s'abattre sur les hommes sans en tirer du bien.

Et par ces souffrances qui s'en viennent, Mon Eglise une, sainte, catholique et apostolique, connaîtra une grande gloire comme il n'en a jamais été.

Je serai reconnu, Moi, le Christ, et aimé de la terre entière... et tous, peuples du monde entier, seront unis sous Mon seul Nom: Jésus le Christ. Alors, Je rebâtirai ce monde nouveau que J'espère (dans le sens: attendre), depuis que l'homme est, et qui ne M'a jamais été donné.

Je serai roi, dans les cœurs, et la paix et la joie s'installeront alors...

Je bénis ces jours qui viennent, enfant, et en lesquels Mon Sacré Cœur sera tellement glorifié que la joie du «ciel» se verra sur la terre...

Que la joie de savoir en vos cœurs que Mon règne arrivera bientôt, nourrisse en vos âmes le désir fervent de Dieu que Je suis.

Priez et rachetez, âmes fidèles, par votre amour pour Moi, le Christ, et Je vous promets que la souffrance qui s'en vient sur le monde sera amoindrie par la fertilité de vos cœurs à la divine Miséricorde.

Priez et œuvrez, et vous verrez comment Mon pardon infini vous est accordé pour vous et tous ceux que vous chérissez.

Prier, œuvrer, racheter: cela signifie que chacun Me laisse faire en son cœur, Moi, le Christ, et Je conduirai chaque âme par le chemin que Je lui ai destiné.

Aimez-Moi seulement, et Je prierai, œuvrerai, et rachèterai en vous.

Pour Me comprendre, faites silence... et vous M'entendrez...

Jésus

Mardi 12 septembre 1995

Jésus te dicte: lorsque ton cœur M'appelle, enfant, assoiffé de Mon Esprit de Sainteté qui est Mon Feu d'Amour brûlant, Je te bénis car tu Me glorifies.

J'ai soif que les cœurs ardents du désir de Dieu (comme le tien que J'ai rendu tel par Ma grâce) Me reflètent et que Je puisse M'y regarder et M'y complaire.

En cela, Je désire de ces cœurs enflammés par Mon Amour, qu'ils s'abandonnent à Mes moindres désirs, afin que Je puisse vivre en eux et eux en Moi.

En ce jour de ton anniversaire, enfant de Mon Cœur divin, Je te fais cadeau de la grâce de la confiance en Dieu. Désormais, avec cette grande grâce que Je te donne tu apprendras à Me connaître autant que Je le désire pour toi.

Car c'est avec la confiance en Dieu que l'âme peut grandir de façon démesurée; c'est par la confiance du cœur que Je bénis de Me désirer, que Je peux Me révéler dans l'homme.

Enfant, tu as enduré bien des tourments, tous dus à la fragilité de ton cœur et au manque de confiance qui en découlait. A présent, adore-Moi, le Christ, en Me connaissant autant et davantage que ton cœur le désire.

Ecris...; Je sais que tu es lasse à force de Me chercher; Je sais que tu n'arrives que difficilement à te reposer tant tu as peur de ne pas Me retrouver autant à ton réveil; Je sais que ton cœur brûle d'aimer et d'adorer le Fils de l'homme, Jésus-Christ, que Je suis.

Je te promets que tous les efforts de ton cœur n'auront pas été vains et que tu trouveras le repos en Mon Cœur divin...

Par cette ténacité qui est la tienne, tu as donné à Mon Cœur la joie de t'offrir cette grâce de la confiance en Moi, le Christ.

Ne doute plus, maintenant, des immenses bienfaits de Dieu pour toi, et sache que, lorsque J'approche une âme, c'est pour la combler de grâces.

Que ceux qui te disent que Je peux retirer Mes grâces ou les refuser à une âme qui Me désire, sous prétexte de la former, se détournent de leur entêtement donné par Satan; entêtement à croire qu'il faut mériter Mes grâces.

Non: «on» ne mérite pas Mes grâces: «on» les accueille humblement et amoureusement; Je les donne à qui s'abandonne avec foi, et ne les retire qu'en cas de refus de Dieu volontaire.

Et pour que chacun sache que la confiance en Dieu, préliminaire à l'union transformante (parce que Je transforme l'âme qui Me reçoit en Moi-même), est offerte à chacun (à l'intérieur de...) Je te dis, Moi, le Christ: bénie es-tu d'avoir tant demandé à ton Dieu, n'étant rien par toi-même, car alors J'ai pu te donner ce que d'aucuns mettent des années à obtenir: la confiance en Dieu, inébranlable malgré le démon qui se déchaînera contre toi à travers d'autres âmes.

Cette grâce t'est donnée, enfant... Je veux dire en cela que seul Dieu peut te la donner: aucune âme ne peut espérer arriver à la confiance en Dieu par ses seuls efforts; c'est cependant la grâce que J'accorde à l'âme qui Me désire *tant* que Je suis «obligé» de fondre devant elle en la lui offrant; et pour cela, les efforts sont nécessaires car le démon s'attaque furieusement à l'âme pour ne pas qu'elle reçoive cette grâce..., préliminaire à tant d'autres...

Pour que Ma confiance puisse entrer dans l'âme, Je n'ai besoin que de son désir de Dieu. Ensuite, qu'elle soit forte ou faible, Je la mènerai par les chemins que Je lui destine à cette foi absolue en Mon Amour. Si l'âme désire beaucoup l'Amour et quémande beaucoup, Je lui donne bien vite cette grâce si merveilleuse; si l'âme n'accueille pas dans un abandon suffisant Mon Esprit de Sagesse, croyant devoir fournir beaucoup d'efforts par elle-même et ne M'écoutant que peu, la confiance est alors lente à obtenir.

L'âme doit se laisser conduire, enfant... C'est la voie des tout-petits...

Vois-tu... l'unique effort que Je demande est de Me laisser aimer l'âme... Mais tant d'âmes se fatiguent en faisant des efforts harassants...

Oui, Je t'ai souvent dit: laisse-Moi t'aimer... Phrase mystérieuse pour toi... et pour d'autres...

Se laisser aimer de Dieu: s'abandonner au souffle de Mon esprit; s'envoler en silence dans les profondeurs de Mon Cœur; s'arrêter de penser en ne contemplant que Mon sourire...

Je te bénis, toi qui as souffert autant pour t'abandonner à Mon Cœur Sacré; tu as souffert car tu croyais que ton Dieu ne te donnerait pas de ressentir Son Amour si grand dont tu rêvais. Et Dieu, que Je suis, désirait ce sentiment de Son Amour pour toi. Et tu t'obstinais à croire que ce n'était pas possible...

Je crois que cela ira mieux à présent!

Je te bénis, petite âme favorite en laquelle Je Me suis tant complu malgré ces souffrances...

A présent, donne-Moi tout de toi. Veux-tu? Alors souris: Je suis là, Jésus est là.

Jésus

Mercredi 13 septembre 1995

Jésus te dicte: «l'abandon».

Lorsque Je suis venu sur la terre, Moi, le Christ, J'ai obéi parfaitement à l'Amour: Dieu le Père. En cela, «J'ai été» l'abandon parfait, de sorte que le Père vivait en Moi et Moi en Lui.

C'est dans l'abandon total que se réalise l'union de Dieu avec Sa créature; c'est par l'abandon en pleine confiance, que Je peux emmener Ma créature en Mon Sacré Cœur, en la faisant entrer dans le mystère de la communion d'Amour.

Qu'est la communion d'Amour? C'est accorder à Dieu sa volonté propre, entièrement, dans le plus petit détail de la vie, *librement,* afin que Je communique Ma Vie — qui est — à l'âme qui s'abandonne ainsi, en lui permettant de Me vivre en Moi, le Christ.

Pour que Ma volonté soit faite dans l'âme qui Me désire, il Me faut l'abandon total et non partiel. Certaines âmes Me donnent un abandon de quelques instants — quand elles Me le donnent, car elles peuvent passer des heures en priant sans s'abandonner tant elles ont leurs propres vues sur «ce qu'il faut faire» pour Me plaire.

L'abandon total, Je le reçois en bien peu d'âmes de ce monde — très peu —.

Pour recevoir cette grâce, l'âme doit Me permettre en toute confiance et dans la joie (tu sais que c'est possible, Ma petite âme bénie), de la détacher de toute attraction de ce monde.

Que l'âme n'ait plus d'autre intérêt que Moi, le Christ.

(Vois-tu enfant... Je t'ai détachée ainsi... Y a-t-il une chose, un détail, un souci, une âme... qui te passionne ou seulement t'intéresse davantage que Moi sur la terre? Y a-t-il un sourire qui te comble, une parole qui te fait mal, de sorte que tu y attaches de l'importance? «Non»: rien de tout cela... Eh bien Je t'ai donné l'abandon: car ce détachement profond de tout ce qui n'est pas Moi t'apporte le silence en ton âme afin que tu puisses Me contempler et M'entendre... C'est l'union de Jésus avec Sa créature que J'appelle «transformante».)

Je précise ici que l'âme la plus faible de ce monde est à même de posséder cet abandon total, dès qu'elle accepte le désir de Dieu fervent que Je souhaite lui donner: si l'âme M'aime et veut M'aimer, passionnément, alors, elle n'a aucun effort à faire pour se détacher de ce monde: Je fais tout pour elle sans qu'elle s'en rende compte... Il lui suffit de Me désirer.

L'abandon total, c'est lorsque l'homme ne fait plus rien de sa vie de lui-même: aucune décision, aucune réflexion, sans Mon regard et Mon sourire. Alors, l'âme qui accepte de ne plus rien faire de ses dix doigts, se contentant de M'attendre en M'adorant, a le bonheur de s'apercevoir que J'ai tout fait pour elle dans la joie, et ce dans les menus détails de la vie quotidienne.

Pour cela, il Me faut de toutes petites âmes, qui se sentent des riens, vraiment, du fond du cœur; des petites âmes sans aucun désir, aucune prétention, si ce n'est de M'adorer.

Alors seulement Je peux donner à l'âme de s'abandonner dans Ma paix, en confiance.

L'abandon n'est pas le fruit de vos mains: il est le fruit de Mes mains dans l'âme qui M'accueille avec humilité...

L'abandon total...: l'attention en *chaque instant*; le repos lorsque Je le désire, le «parler» lorsque Je l'ordonne (car toute parole «personnelle», dite sans que l'âme Me regarde, est vaine), les tâches d'état lorsque Je le décide, la confiance dans les souffrances que Je permets...

(L'abandon, c'est lorsque Je te regarde, petite enfant, et que tu regardes Mon sourire et qu'alors nous sommes heureux tous les deux...

Peu d'âmes comprendront cela, vraiment...

Oser ne plus rien faire de par soi-même... Il faut être tout petit pour cela: un moins que rien...

Lorsque tu t'abandonnes, tu ressens le «ciel» en ton cœur, le délice de te sentir aimée de ton Dieu... et tu entends Mes secrets!)

Quelle âme sera assez humble pour Me demander la grâce de l'abandon total?

Celles qui, non satisfaites d'une vie tiède et ennuyeuse par manque d'amour, décideront de tout arrêter en elles (toute parole, décision, pensée...) afin que Je vienne les illuminer de Ma joie divine.

Chemin difficile pour «les grands», les orgueilleux, les pressés par leurs activités, les torturés par *leur* désir de bien faire...

Chemin facile pour les incapables de rien sans Amour! Ceux-là désirent l'abandon du fond de leur cœur, ne trouvant aucun intérêt en eux-mêmes, et ne désirant qu'aimer.

Voilà, petite âme... Nous avons bien travaillé! Allons nous reposer à cheval à présent!!!

Aimons-nous, et nous sauverons le monde.

Je te bénis.

Jésus

Jeudi 14 septembre 1995

Jésus te dicte: apaise Ma douleur, Ma petite préférée, en écoutant Mon Cœur divin.

Que les hommes Me haïssent et Me font mal..., enfant...

Partout où Je pose Mes yeux, Je ne vois qu'orgueil, désir de vaincre, cupidité, et autres vices...

Parmi les orgueilleux se trouvent des hommes d'Eglise, les Miens, qui Me torturent avec l'espoir de prendre Ma place, se vantant, se montrant, faisant toutes sortes de choses afin de se faire valoir et admirer.

Ce sont Mes bien-aimés qui Me haïssent ouvertement, et poussent la perfidie jusqu'à Me combattre dans Mes lois et commandements, refusant d'écouter et d'obéir à Mon bien-aimé Pierre (le pape J.-P. II). Ils conduisent Mes agneaux dans l'erreur et les poussent à se détourner de Moi, le Christ.

Je suis las de voir vos agissements ignobles, et votre âme au bord du gouffre, tant vous êtes loin de l'Amour. Revenez à Moi, le Christ, en Me demandant pardon de tant de cruauté à Mon égard.

Comprenez que Je suis l'Amour, crucifié pour vous sur la croix... Y a-t-il un homme parmi vous qui serait capable de donner sa vie au service de Dieu?

Je vous ai appelés, vous, les âmes sacerdotales et religieuses, à Me donner, Me consacrer votre vie entière: Je vous ai épousées, âmes qui Me haïssez, lorsque vous avez prononcé vos vœux.

Mais qui se soucie de Moi, à présent? Vous Me reniez, au sein de vos luttes intestines, M'oubliant, tant votre orgueil est démesuré.

Qu'attendez-vous pour Me regarder avec votre cœur et comprendre que ce n'est pas en vous cachant sous de prétendues bonnes actions que vous pouviez dire M'aimer?

Comprendrez-vous qu'au-delà des bonnes actions (qui viennent de Moi, le Christ, si elles sont telles), c'est votre cœur que Je vous demande?

Vous avez à cœur d'entreprendre des «choses et des choses», mais avez-vous l'idée de Me regarder un seul instant afin de Me demander si vous êtes dans la bonne voie? Non: vous n'avez pas le temps, car Satan vous a tellement obscurci la vue que vous ne M'aimez plus, et prétendez cependant être au service de Dieu.

Eh bien, Je vous dis, Moi, le Christ Jésus, mort pour vous dans d'ignobles souffrances: vous êtes au service de Satan et des siens.

Avez-vous seulement le désir de Me regarder face à face, seuls avec Moi, en Me disant votre amour dans le silence de vos cœurs?

Non: bien des âmes qui sont Mes épouses ne Me donnent pas un seul instant de leur journée, en se dépouillant de tout afin que Je puisse entrer dans leur cœur.

Vous conduisez vos âmes à la mort, hommes qui n'avez ni amour ni foi et prétendez être Mes serviteurs…

Combien de fois suis-Je outragé par ceux qui disent Me suivre…

Cessez donc de parler, de réfléchir, d'entreprendre, et asseyez-vous enfin à la table de votre Dieu, en Me consolant de tant de cruauté.

(Enfant, lorsque tu t'assois à la table d'un ami, tu te reposes en sa présence, et lui offres ta fidélité et ton sourire… C'est ainsi que Je désire t'expliquer: «s'asseoir à Ma table».)

Pour que Je vous pardonne et vous délivre de votre perversité, osez vous agenouiller devant Moi, le Christ, en Me demandant d'éclairer vos âmes. Mais qui osera le faire? Vous êtes tellement certains de vos agissements, de vos réflexions sombres et froides...

Je vous envoie de petits instruments dociles et fidèles, pour vous éclairer, et cependant ils sont haïs et rejetés par les cœurs de pierre que vous possédez.

Jusqu'à quand commettrez-vous l'irréparable outrage de Me manger et de Me boire en étant coupables de semblables méfaits?

Croyez-vous que Dieu Mon Père et votre Père vous pardonnera ce sacrilège de communier à Mon Corps et à Mon Sang alors que délibérément vous restez dans la boue et le péché?

Qu'ai-Je à faire de vos agissements et de vos préoccupations alors même que vous Me rejetez de Mon trône? Croyez-vous, âmes consacrées à Mon service, que Je bénis vos journées passées dans «l'activité» sans le moindre regard du cœur envers Moi? Non, Je ne les bénis pas; cela M'est odieux: Moi, le Christ écris cela.

Cessez donc de parler;
Cessez donc de mentir;
Cessez donc de Me trahir...
Apprenez à M'aimer;
Apprenez à Me servir;
Apprenez à Me connaître,
Apprenez à mépriser l'orgueil,
Apprenez à vous repentir,

Apprenez à ne plus agir de vous-mêmes;
Apprenez à *faire silence*;

Apprenez à vous abandonner;
Et alors Je vous bénirai
Et vous pardonnerai,
Alors Je vous serrerai
Contre Mon Cœur divin
Et vous illuminerai
De Mon Amour…

Je vous ai tant aimés…

(Enfant: l'Amour *est.*

Lorsque l'âme *M'aime,* Je *Suis* en elle et elle en Moi; Je l'aime: Je lui manifeste Mon Amour.

Si l'âmc Me hait, l'Amour ne peut vivre en elle: c'est-à-dire en Se manifestant. Donc, Je ne *Suis* pas en elle. Mon Amour infini est alors «seul» vis-à-vis de cette âme, en attente. Voilà pourquoi J'ai écrit, Moi, le Christ: «Je vous *ai* tant aimés.»)

Jésus

Vendredi 15 septembre 1995

Jésus te dicte: reste humble devant Moi, le Christ, face à Mes secrets que Je dévoile avec tant de tendresse.

Sois Ma petite enfant bénie en laquelle Je Me complais parce qu'elle est humble et droite.

Si le démon te hait, c'est à cause de ta franchise et de ta fidélité, enfant… Je te dis cela, Moi, le Christ, afin que tu restes toujours sur tes gardes, face à l'ennemi qui te déteste d'être si petite.

Tu ne sais pas que tu es petite et bien-aimée de ton Jésus pour cela. Mais Je te donnerai de le comprendre d'ici peu, et,... laisse...

Je te garderai si petite que nous serons heureux... divinement et merveilleusement!

Mon enfant, le démon ne te tentera pas par l'orgueil qu'il désire mettre en toi; cela n'arrivera jamais: Je t'ai préservée et te préserverai toujours...

Pourquoi alors t'ai-Je dit tout cela?

Parce que Je suis heureux que tu sois si petite!

Maintenant, écoute: l'orgueil est la ruine de l'âme. L'orgueil est comme un poison qui assèche le cœur et l'entraîne au fond de l'enfer, dans la mort éternelle.

L'orgueil se lit sur les visages... Je te le montre. Hais ce vice capital, enfant, et détrône-le en le combattant par la vérité dans les âmes que tu rencontres. Ose être vraie et ne pas acquiescer, par prétendue gentillesse, aux démons qui parleraient en face de toi à travers de pauvres âmes obscurcies.

Ne te bats pas, ne t'emporte jamais, mais ose dire ce que Je te demande de dire en étant ferme et charitable avec l'âme que Je désire aider.

Si tu laisses dire le mal aux âmes que Je place en face de toi, tu Me trahiras: Moi, le Christ, ai écrit cela.

N'aie jamais peur pour toi des réactions que peut susciter Ma Vérité: c'est Moi, le Christ, qui parlerai en toi et te protégerai. Ne te soucie pas des convenances humaines: Moi, le Christ, t'aiderai en tout.

Je suis las, enfant, des âmes qui disent M'aimer et laissent leurs frères dans l'erreur pour ne pas être mal jugées...

Ecris et donne à qui te demande: parle et console là où Je te demande; Moi, le Christ, déciderai de tout en toi.

Travaille, afin de repousser l'orgueil qui, dans les âmes, est la barrière que Satan place pour ne pas que J'entre dans les cœurs.

Je te bénis.

Jésus

Samedi 16 septembre 1995

Jésus te dicte: entends Ma peine, Ma petite âme bien-aimée, et donne-Moi ton cœur afin que Je Me repose en lui.

Quand J'ai donné Ma vie au monde, afin de sauver l'humanité entière, J'ai offert Mon Sang pour apaiser la colère divine devant tant de péchés.

J'ai offert la vie de Dieu, que Je suis, en Jésus-Christ, afin de racheter tous les hommes…

J'ai pris chair humaine de la Vierge Marie, Ma sainte Mère, afin de Me faire tout-petit et de vous montrer combien J'étais tendre et proche de vous.

J'ai été humilié, en Ma chair humaine, non en la prenant de Ma sainte Mère, car Dieu fait homme était pur de toute souillure, mais en étant meurtri dès Ma naissance, en Mon âme de bébé, par les âmes qui Me refusaient déjà le confort d'un lit et de la chaleur.

Plus que ce confort, Me manquait déjà la tendresse des hommes, car, dès Ma venue au monde, l'«on» avait décidé de Me faire mourir. Ce fut Hérode et les siens, à l'écoute de Satan, qui humilièrent si fort Mon Sacré Cœur venu se faire tout-petit pour aimer les hommes.

Puis, lorsque Je fus plus âgé, ce fut la haine et l'impureté des âmes qui M'entourèrent, qui M'humilièrent de façon si odieuse.

Parfois Je regrettais le «ciel» bien-aimé (en cela Je ne veux pas dire que Je regrettais Ma venue sur la terre, bien entendu, mais la pureté et la beauté de l'Amour) et, si Marie, la sainte Epouse de l'Esprit Saint ne M'avait été donnée, Mon Corps de chair serait mort de douleur en recevant les blessures faites à Mon Cœur.

L'Amour fait homme désirait l'amour en des «proportions» que tu ne peux imaginer, car plus l'Amour aime et plus Il a soif d'être aimé de Sa création.

Mon Cœur si las de ne rencontrer que le mépris et la solitude, aurait laissé mourir Mon Corps, si la Mère de Dieu (que Je suis) ne M'avait fait oublier la douleur dans sa tendresse.

Ame qui te meurs avec ton corps si tu ne ressens pas Ma tendresse autant que tu le nécessites, crois-tu que Je sois capable, Moi, le Christ, de te faire porter le fardeau de te sentir trop peu aimée de ton Dieu, toi, la petite préférée de Mon Cœur divin à laquelle Je destine plus de douceur qu'au reste du monde tant tu M'as accueilli?

Non, tu ne crois plus, et tu fais bien…

car Mon Cœur divin souffrait de te regarder penser cela…

Mon enfant, si tu étais consciente de la tendresse dont J'ai manqué sur la terre, Moi, Dieu fait homme, car le Père M'était caché autant qu'il le «fallait» pour que l'œuvre de rédemption soit totale, tu comprendrais que le Cœur Sacré de Jésus ne fera jamais défaut à l'âme qui brûle pour Lui.

N'attends certes aucune tendresse du monde, et prépare-toi à de grandes cruautés de la part des hommes, mais ne crains jamais (tu entends: *Jamais*) que Je te laisse sans Ma Présence constante et vivifiante, toi que J'ai élevée dans une si grande intimité avec Moi, te donnant la pureté et le zèle pour Me servir en M'adorant.

Je t'enlèverai jusqu'à tes propres sentiments à l'égard du monde tant Je veux révéler en toi Ma douleur et Ma tendresse en t'unissant à Moi, le Christ, aussi fort que tu Me le permettras.

Ecoute à présent: sais-tu combien Je suis humilié en ce temps, par les hommes qui Me haïssent en se moquant de Moi? Sais-tu la souffrance de Celui qui Est, et qui se voit être déchu de Son Trône sur la terre (le respect qui M'est dû devant Ma sainte Présence dans l'Eucharistie)?

Sais-tu que Jésus glorieux et vivant, dans chaque petite hostie du monde entier, est humilié par des regards sans nombre et des mains non purifiées?

Comprends-tu Ma douleur devant si peu d'amour... Toi à laquelle J'ai donné autant de douceur et de vérité pour ton Dieu, ne Me refuse jamais rien: laisse-Moi toujours reposer Mon Cœur Sacré en ton cœur si petit et si grand, afin que Je reçoive en toi toute la tendresse que Je désire Me donner.

Quand tu entendras la joie des anges dans le ciel au «oui» que tu Me donneras d'ici peu dans ta consécration totale à Mon Cœur Sacré, tu auras la joie et Ma tendresse ne te quittera plus un seul instant.

Moi, le Christ, ai écrit tout cela.

Permets-Moi de te dire: enfant, tu seras auprès de Moi, le Christ, en tout instant, d'ici peu...

Cela veut dire: Je t'aime!

Va, Je te bénis.

Jésus

Dimanche 17 septembre 1995

Jésus te dicte: Je vous veux vrais, hommes de ce temps; Je vous veux humbles, sincères, fidèles, abandonnés, en vérité.

Je veux que chaque parole qui sort de votre bouche soit source de paix et de joie en celui qui l'écoute, parce qu'elle est vérité.

La vérité est dans le cœur: dans l'écoute du cœur qui s'est confié à Mon Sacré Cœur: car alors Je le garde, ce cœur que vous M'avez donné, et lui inspire des désirs saints et fervents.

Osez écouter votre cœur, enfants de Mon divin Cœur miséricordieux et amoureux, et alors vous connaîtrez la joie de la douceur de l'union avec Moi, le Christ.

Osez penser que vous devez ressentir un amour fervent et sensible envers Moi qui Suis, car l'amour vit et se ressent, lorsqu'il est vrai. Il n'est pas «chimère» et «abstrait» comme tant d'hommes le pensent.

Si vous aimez avec votre cœur une personne, vous ressentez beaucoup de joie; eh bien si vous osez aimer le Christ, que Je suis, avec la même «réalité» vous connaîtrez la joie profonde de l'union mystique avec Dieu, joie d'autant plus forte que vous n'aurez pas peur de vous lancer dans cet abîme d'Amour qui s'offre à vous.

Que la vérité soit en vos cœurs, de sorte que tout ce qui sort de vous (acte, pensée, parole) soit amour: amour du fond du cœur, qui brûle de s'élancer toujours davantage dans l'océan de Ma divine Miséricorde, qui vous permet de vous approcher de Moi en vous purifiant à chaque instant si votre désir n'est que de M'aimer.

Osez entrer dans les délices de l'Amour, qui vous donneront toute force pour combattre ici-bas, et feront de vous un apôtre fidèle et loyal de Jésus le Christ que Je suis.

Venez, petits enfants au cœur doux et sensible; venez vous faire aimer de votre Dieu qui a tant de bonheur à se donner à vous…

Que la joie que vous éprouverez alors, en vivant en vérité auprès de Moi, soit source de consolation, pour le monde entier, car alors vous serez capables de donner tout de vous à Mon service, tant vous vous sentirez choyés et aimés.

Et à toi, petite âme que J'élève au plus près de Mon Cœur et qui as eu le bonheur de réaliser en un instant de grâce ce qu'était l'union de Dieu avec Sa créature lorsque celle-ci donnait son cœur en vérité, comprends que Je ferai de toi la source de consolation que Je destine à de nombreuses âmes ici-bas.

Je te bénis.

Jésus

Mercredi 20 septembre 1995

Jésus te dicte: *La vérité.*

Quand Je demande à l'âme de Me suivre, Je lui demande de M'aimer en vérité, à chaque instant de la vie.

Vivre en vérité, c'est tout faire sous le regard de Dieu et pour Dieu. C'est ne mettre aucune limite au don de soi aux autres âmes, lorsque Je te demande de les aider à Me connaître.

Pourtant, certains hommes te diront: «il ne faut pas que tu parles de Jésus aux âmes lorsque nous désirons autre chose de toi» (les mondanités ou convenances humaines, par exemple).

Moi, le Christ, te dis: parle lorsque Je te le demande et ne te soucie pas de ce qui plaît aux hommes. Tu appartiens au Christ et non pas à ce monde. Pourrais-tu trahir ton Dieu en ayant part à des conversations futiles et pleines de poison, conversations qui déplaisent à ton cœur et au Mien, alors que Je te désire docile et vraie? Non, tu ne le pourras pas.

Alors, Je t'en prie, ne t'afflige pas lorsqu'une âme te dit de cacher ton amour pour Moi, le Christ. Obéis-Moi simplement et sois-Moi unie plus que jamais en ces moments où l'orgueil humain fait errer les âmes.

Fais confiance à ton Dieu qui te guide sûrement et ne te demandera jamais quelque chose de mal à-propos. Quand tu ouvriras la bouche pour dire une parole d'amour pour ton Dieu, Je te bénirai toujours. Sache que c'est l'Esprit de sainteté qui parlera à travers toi et ne t'afflige pas. Ton Dieu est là qui te protège et te guide.

Vérité du cœur qui ne cherche que Dieu;

Vérité du cœur qui ne s'inquiète pas des réactions humaines, et vit sous Mon regard.

Vérité du cœur qui ne M'oublie pas lorsque «cela lui convient»;

Vérité du cœur qui Me fait confiance pour tout s'il Me donne son amour total.

Vérité du cœur qui souhaite Me porter en lui en chaque instant.

Alors, lorsque la vérité est là, Je bénis l'âme qui la possède et l'accepte, et lui montre Mon chemin pour elle.

Sois vraie, petite âme, et tu verras: nous marcherons ensemble. Je te bénis, enfant fidèle.

Jésus

Jeudi 21 septembre 1995

Jésus te dicte: lorsque tu es dans Mon Cœur divin, la tempête peut se déchaîner... tu ne crains rien.

Vois-tu... Je peux te surprendre en te demandant d'agir çà et là à Ma convenance, et tu peux parfois ne pas Me comprendre: mais lorsque tu écoutes ton cœur, en Moi, le Christ, tu t'apercevras qu'il est heureux d'accomplir Ma volonté, uniquement pour Me faire plaisir et te sentir aimée de Moi.

Maintenant, tu deviens «grande» et tu Me dois la confiance, que Je t'ai donnée.

Pour que Ma volonté s'accomplisse en les «choses» précises que Je désire, tu dois ne regarder que ton Dieu et ne plus te laisser troubler par les doutes. Je t'ai donné la clairvoyance nécessaire pour Me reconnaître, Moi, le Christ. A présent travaille dans Ma tendresse si grande pour toi.

Que ton ardeur à Me servir en ce que Je te demande ne te prive pas de Mon Amour en ce que tu accomplis pour Moi, le Christ: apprends à Me servir avec autant de zèle mais moins d'attention à ce que tu fais: Je t'aiderai à «faire bien» le travail que Je te destine: toi, occupe-toi de M'aimer en ne surchargeant pas ton attention; si tu M'aimes, Je M'occupe de tes capacités à Me servir.

J'ai besoin que le silence règne en toi à tout moment, afin de Me reposer dans ton cœur en te donnant l'union intime avec Moi, le Christ.

Apprends à détacher ton intérêt des «choses» que tu fais, pour n'y voir que l'amour que tu Me donnes.

Parfois, le malin s'agite, pour essayer de troubler ton âme en paix; ne crains pas alors, si tu demeures en Moi: Je garderai ta paix et ta joie.

«Si tu demeures en Moi», cela signifie: si tu as foi avec ton cœur (et non seulement ta raison) que Je t'aime infiniment en tout instant. Pour toi, Je ferai des folies…

Je t'aime tant…

Viens dans Mon Cœur… demeures-y en paix et pour la vie éternelle.

Jésus

Mardi 26 septembre 1995

Jésus te dicte: Marie, Mère des enfants de Jésus.

Marie, la toute pure, la toute aimante, Mère bien-aimée de Jésus-Christ, que Je suis, est la créature la plus belle de l'univers.

En elle, le péché n'a jamais été; elle est restée pure de la grâce versée en elle par le Créateur. Comblée par la grâce divine parce qu'elle n'en refusa aucune, tant son abandon était grand.

Abandon de tous les instants, dans la paix que Je lui donnais, Moi, le Dieu de tout ce qui est, et qui lui apportait la joie de l'union totale avec Moi, Esprit Saint.

Marie avait compris, par la pureté qui la revêtait, que seuls l'abandon et la confiance totale en Dieu étaient sources de joie profonde et sereine; son cœur a désiré l'Amour, depuis qu'il fut. Elle désirait l'union intime de son cœur avec le Mien, depuis que Je l'avais créée; et rien ne détourna, sa vie durant, son âme de ce besoin de se donner à Dieu.

Elle a souffert comme aucune mère sur la terre ne souffrira, jamais; et malgré les terribles épreuves qu'elle partagea avec Moi, son Fils bien-aimé, son cœur était, dans le Mien, dans la paix et la joie profondes.

Cette joie… seuls les enfants bénis de Mon Cœur, qui auront désiré l'Amour de ce feu brûlant que Je dépose dans les âmes qui l'accueillent, pourront la comprendre.

Oui, Ma petite âme privilégiée, ton cœur est ému de savoir que Marie avait cette joie profonde de l'union intime avec Dieu, et ce, malgré ces tortures qu'elle endura…

Vois-tu, ce que Je donne à ton cœur de comprendre là, est une grande grâce. Peu comprendront cette joie profonde du cœur de Marie: seuls les enfants tout petits par leur abandon comprendront...

Car si la Mère de Dieu porta plus d'épreuves qu'aucun être humain n'en portera jamais, puisqu'elle était associée à l'œuvre de rédemption, sa pureté «faisait» qu'elle porta en son cœur plus de joie qu'aucun être humain ne portera jamais ici-bas.

Demandez, enfants de Marie, que votre Maman du ciel vous conduise à cette pureté de l'âme qui apporte tant de grâces et de bonheur. Comprenez que cette fragile tige qu'était Marie, exhala un parfum si doux pour son Créateur, qu'Il lui donna de vivre en Lui plus totalement, plus amoureusement qu'aucune autre âme de la terre.

Comprenez l'Amour que J'ai pour vous, Moi, le Christ, en vous donnant cette Mère comblée de grâce, qui guide chacun de vos cœurs vers Moi, afin de vous donner le bonheur de vivre en Dieu dès ici-bas.

Comprenez que si la douleur de Marie de voir son Fils bien-aimé crucifié devant elle fut horrible, l'amour qui était (vivait) en elle surpassait la mort et la souffrance: l'amour est force qui ne périt jamais; en Marie, il fut plus fort que la douleur, et c'est ce qui lui donna de rester en vie: l'Amour vivait en elle bien que Mon Saint Corps partait de la vie devant ses yeux.

Et malgré ce drame qui se déroulait devant elle, Marie avait le cœur en Moi, son Fils, dans la joie et la paix de l'Amour qui ne meurt pas...

Je te bénis, Mon enfant, d'être heureuse que Je réponde à ton désir de savoir si Marie avait la joie en elle.

Oui, Marie est la source de joie par la pureté qu'elle déverse dans les enfants qui Me désirent, Moi, le Christ; car en accordant au cœur qu'elle guide de devenir pur, elle lui apporte en même temps la joie de l'abandon et de la confiance qui est le propre de l'union à Dieu.

A présent, que ceux qui te diront qu'il faut vivre dans la foi «pure» sans «ressentir», te fassent «bondir» pour Moi, le Christ, et leur répondre que si l'Amour ne brûlait pas en Marie, ma Mère bien-aimée, de son vivant sur la terre, elle n'aurait jamais été la créature parfaite qui souffrit la passion de son Fils dans des proportions qu'aucun être ne pourra imaginer.

Explique à ces âmes qui se «satisfont de leur foi pure», qu'elles devraient désirer l'Amour du plus profond de leur cœur, et qu'ainsi elles ne seraient pas condamnées à la tiédeur ou à l'aridité de ne rien ressentir. Si Je peux permettre des phases arides dans la montée spirituelle, ce n'est que pour attiser la soif des âmes à Me demander le Feu de l'Esprit Saint en elles.

Malheureusement trop d'âmes se complaisent à ne pas «ressentir» pensant devoir vivre dans la foi pure. La foi pure est autre: la foi pure, c'est Marie, Ma Mère bien-aimée, qui peut vous l'enseigner, à vous, qui vous satisfaites d'un amour tiède et durable.

Marie avait le cœur brûlant de foi en ce sens qu'elle *ressentait* l'Amour de Dieu, en chaque instant, par son abandon total. Elle *ressentait* l'Amour; elle le vivait, en adorant perpétuellement.

Marie est le chemin qui mène vers Moi, le Christ, car elle peut vous apprendre à brûler de tendresse pour Moi et à ressentir Mon Cœur Sacré en son Amour infini.

C'est à cette seule condition que vous parviendrez à unir vos cœurs en Moi, le Christ: en *ressentant* Mon Amour, terme qui déplaît aux théologiens austères dans leur rationalisme. Car si vous ne ressentez pas l'Amour, vous ne porterez pas le salut du monde (Ma Croix) comme Je le désire de vous. L'Amour est la seule force.

L'Amour se ressent.
Il est Feu incessant chez celui qui se donne.
Amen.

Jésus a écrit tout cela… enfant!

Mercredi 27 septembre 1995

Jésus te dicte: si les hommes savaient ce qu'est l'Amour, ils ne seraient pas si esseulés dans la tristesse de la vie sans Dieu. S'ils le désiraient, ils deviendraient rayonnants de la joie et de la paix divines.

Pour que Ma vie pénètre l'âme, il Me faut l'acquiescement de sa volonté à tout ce que Je désire entreprendre en elle. Acquiescer, c'est donner son «oui» non seulement en esprit (parce que l'on sait que c'est la vérité qui s'offre ainsi), mais dans le cœur.

Dire «oui» avec le cœur à Ma volonté de Dieu, c'est éprouver tant de soif de Moi, le Christ, tant d'amour brûlant et sensible (vrai), que le «oui» devient bonheur en Me le donnant.

Dire «oui» à Dieu, c'est être tellement dans la confiance et l'amour, qu'il devient lui-même une soif dans l'âme qui désire Me le donner.

Vois-tu, enfant… Je t'ai bien souvent demandé de Me consacrer ta vie, et tu M'as dit «oui» avec beaucoup de craintes, à chaque fois et ce, malgré ton cœur qui se mourait sans Moi, le Christ.

Et, si J'ai accepté ta consécration à Mon Cœur divin à chaque fois, Je l'ai fait «en avance» sur le véritable «oui» que tu Me donneras bientôt, tant tu as grandi.

Ce que Je veux dire, c'est que pour atteindre l'état du cœur qui sourit et rayonne en chaque instant, il faut Me donner sa volonté en toute liberté, non parce que «cela est bien», mais parce que l'on est heureux de le faire.

Alors, Je demeurerai en toi sans te quitter, en te donnant de rayonner Ma paix et Ma joie.

Bien des âmes Me disent: «oui», Seigneur, nous t'offrons notre liberté pour tout ce que Tu désires de nous»; et bien souvent ce «oui» n'est pas pur, car l'âme n'avait pas atteint le degré de maturité nécessaire pour Me le dire. Alors les âmes s'éloignent et ne comprennent pas que c'est leur amour profond que Je désirais, et le bonheur durable que Je leur proposais.

Toi, enfant, que J'ai élevée si fort près de Moi, pour que tu M'appartiennes en vérité et totalement, donne aux âmes de comprendre ce qu'est la consécration à Mon Cœur Sacré.

Donne-leur le sourire de ton «oui» à la volonté de Dieu en leur expliquant que cet engagement à vie se prend dans la passion du cœur pour Moi, le Christ, épurée par le feu pour être constante et durable: passion qui reste passion, et qui demande à grandir toujours plus dans Mon Amour.

Dis-leur que cette passion-là n'est pas «passade», mais qu'elle est feu d'Amour déposé dans le cœur par l'Esprit Saint, et que, purifiée pour s'épanouir davantage encore, elle est ressentie au plus profond de l'âme.

Explique aux âmes que Je te donnerai de rencontrer, que le oui à la volonté divine doit être donné dans l'abandon et la confiance totale, dans la paix et la sérénité de la vraie joie, et que si l'amour fervent ne l'accompagne pas, il est vain car ne peut Me permettre d'accomplir Ma volonté pleine dans l'âme.

Apprends aux âmes à se passionner pour Moi, le Christ, non en Me cherchant à travers des réflexions et méditations si fréquentes chez les êtres humains, mais en se taisant intérieurement pour que Je vienne les enseigner.

Apprends-leur de quelle tendresse Je t'ai nourrie, et combien Mon Cœur déborde d'Amour pour toi: montre-leur que Je veux les sauver en les épurant pour leur donner le bonheur de sourire enfin!

Que ta vie se passe dans le remerciement à ton Dieu qui t'a tant donné en si peu de temps et te donnera tellement plus encore...

Remercie-Moi en M'aimant sans Me refuser quoi que ce soit. Sers-Moi dans les âmes, à présent, Ma petite enfant bénie, et garde-Moi cependant toujours en premier dans ton cœur, quoi que tu fasses.

Que rien ni personne ne t'enlève jamais cette joie que Je te donne de t'unir si intimement à Moi, le Christ.

Je te garderai jalousement et tu Me seras fidèle éternellement.

Je te bénis.

Jésus

Samedi 30 septembre 1995

Jésus te dicte: lorsque l'abandon est dans le cœur, Je peux tout faire. Lorsque l'abandon est moindre, Je fais «moins».

Souvent les âmes qui M'aiment désirent, par prudence, et désir de discernement, juger Mes bienfaits (mes demandes).

Alors écoute ceci: le devoir d'obéissance envers le supérieur ecclésiastique existe, de même que l'âme a le devoir d'obéir à son directeur spirituel qu'elle a choisi, en tout instant.

Le «devoir» de prudence s'impose, pour chaque âme, quelle qu'elle soit, également.

Mais au-delà de tous ces devoirs que Je bénis parce qu'ils sont Ma volonté, il y a la communion d'amour avec Dieu, que Je suis.

Cela signifie ceci: lorsque J'ai rendu une âme détachée de tout lien terrestre, lorsque Je l'ai épousée parce qu'elle désire vivre en Moi, et lorsque Je l'ai purifiée, Je lui demande l'abandon et la foi totale: cela veut dire pour toi, Mon petit bout de «rien» auquel J'ai tant donné, lorsque Je te dis: «c'est Moi, le Christ», et que tu ressens la paix en ton cœur, tu Me dois l'obéissance parfaite, en sachant que, si Je permets au démon d'interférer parfois dans Mes dons divers à chacun, Je purifie l'âme en ce même temps; sache également que plus l'âme est purifiée, moins nombreuses sont les «interférences» jusqu'à devenir inexistantes.

Sache aussi que tout ce qui sera accompli dans la foi et par amour pour Moi, le Christ, ne saurait être voué à l'échec: Je ne le permettrai jamais.

Ecoute bien ceci aussi: c'est Moi, le Christ, qui écris tout ceci; lorsque l'âme a des doutes sur ce que Je lui demande, Je la purifie en laissant le mal s'infiltrer, et cela est bon pour l'âme car elle comprend ensuite qu'elle Me doit une confiance absolue.

Quoi que Je demande, enfant, en y ajoutant le Nom de Christ, que Je suis, doit être accompli dans la foi totale: et alors rien ne pourra outrepasser Ma volonté.

Mais si l'âme dans un souci de prudence qui, au-delà de la prudence, est sans doute émis par le démon, cherche à raisonner sur les conséquences éventuelles de Mes demandes, alors l'erreur peut se manifester et cela par manque de foi.

Voilà pourquoi beaucoup de Mes dons privilégiés ont été accompagnés de dommages causés par le mal…

Toi, enfant, ne doute pas un instant, car J'ai mis en toi une si grande paix, ainsi qu'une grande confiance en Moi, le Christ, et Je ne permettrai pas que quiconque t'enlève cet amour du cœur et cet abandon dans la pureté, que Je t'ai donnés.

Va: proclame Mon message, et, malgré l'obéissance que Je t'ordonne d'avoir pour ton confesseur, et *avec* cette obéissance, fais Ma volonté en chaque chose que Je te demande; rien ne sera vain de ce que tu accompliras dans la foi.

Sache que Je garde les tout-petits comme toi à l'abri de l'erreur, et cela grâce à l'abandon total que Je te donne et ferai grandir encore en toi.

Ne laisse pas les hommes te parler de prudence lorsque Ma paix est en toi, si fort; car leur prudence est bien souvent cause d'échec par manque de foi.

Et crois bien que si, par l'action du mal, une erreur se glissait qui entraîne des âmes dans l'obscurité, et que tu l'ignores, croyant M'obéir, Je ne laisserai jamais cette erreur s'accomplir, et cela à cause de ta foi en Moi, le Christ.

Peu d'âmes comprendront Mon message, enfant, car les hommes veulent discerner par eux-mêmes au lieu de M'écouter dans leur cœur…

Seuls les petits au cœur profond et brûlant comprendront comme toi que Je les protège de tout mal en tout instant, dès qu'ils M'abandonnent tout de leur vie.

Maintenant, Je ne refuserai à personne de donner un signe, lorsque le *cœur* ne sait quelle direction prendre, car l'honnêteté Me «force» à déborder de Miséricorde: tu le sais, petite enfant, et ton père spirituel le sait aussi.

Va maintenant, et ne laisse jamais plus le malin mettre le doute en toi, alors que J'ai mis un si grand Amour en toi et pour toi lorsque Je te dictais Mes demandes. Je te bénis.

Jésus

Dimanche 1er octobre 1995

Jésus te dicte:

Quand le soleil luit,
En ton âme,
Je souris dans ton cœur;
Quand le nuage
S'immisce,
Je suis triste,
Avec toi,
Car Je te désire radieuse,
En tout instant.
Pour que le brouillard
S'en aille,
Et ne revienne pas,
Je dois souffler très fort
En toi,
Par Mon Esprit de Sainteté;
Mais il Me faut
Ton abandon total,
En pleine liberté;
Car si le nuage

N'est rien de grave,
Je ne le désire pas
En toi, cependant;
Donne-Moi *tout.*
Je te bénis.

Jésus le Christ

Lundi 2 octobre 1995

Jésus te dicte: lorsque l'âme approche Mon Cœur Sacré, Je l'apaise et lui donne le sourire.

J'ai tant besoin des âmes auprès de Moi... Je mendie leur amour et elles ne Me répondent pas...

Quand J'ai formé une âme pour Me servir, Je lui demande de partager avec Moi Ma souffrance, afin de l'unir à Moi en lui donnant de participer au salut du monde.

Les souffrances que Je permets pour Mes âmes chéries ne sont que joie et paix: l'âme qui partage avec Moi vit dans Mon Amour et ne saurait être victime de souffrances vécues dans la tristesse et la déprime.

Le démon t'a bien souvent fait croire que Je permettais ces tortures spirituelles qui te déstabilisent totalement te rendant fragile et «mourante», pour sauver les pécheurs. Le père qui te guide lui-même, ne soupçonnant pas la blessure que t'infligeait le démon en t'attaquant ainsi, t'a dit de même.

Or, Je te dis, Moi, le Christ: jamais une âme bénie de Mon Père, Dieu éternel et plein de Gloire, m'a enduré de tels assauts en dehors de la purification nécessaire à la confiance en Moi, le Christ.

Et si J'utilise ces souffrances que tu portes, depuis bientôt deux ans, pour racheter les âmes, ce n'est certes pas cela que

J'appelle: partager Ma Croix. Tu le sais en ton cœur, cela, Ma petite âme bénie: tu sais que ton Dieu ne peut te demander de porter ces épreuves toute une vie, tant est angoissant cet état de souffrance.

Je ne suis que paix et Amour.

Ecoute: aucune âme autour de toi ne comprendra vraiment ce que tu as subi pour approcher de Mon Cœur Sacré avec autant d'intimité; seules les âmes favorites qui Me donnent leur amour total, sauraient te comprendre.

Ne te désole donc pas devant l'incompréhension de ton père spirituel lui-même, qui a cru que Je te destinais ces souffrances pour partager Ma Croix.

Non, enfant, Ma croix est joie dans la paix de te sentir unie autant à Moi, le Christ.

Bientôt tu la porteras...; elle sera lourde, à la mesure de ton don d'amour si fort pour Moi, mais tu Me la demanderas toi-même: crois-Moi, Ma croix n'est pas faite de tristesse et d'angoisse de te sentir loin de Moi.

Crois bien que ces souffrances que tu as portées ne sauraient être le «moyen» que Je te propose pour M'aider à sauver le monde; aucune âme ne résisterait la vie durant à de telles attaques, Mon enfant...

Crois que Je t'ai purifiée beaucoup;
Crois que Je t'aime amoureusement;
Crois que Je t'ai donné un abandon que peu d'âmes Me donnent.
Et maintenant, ne souffre plus, petite âme:
cela va aller à présent...
Je te bénis.

Jésus

Mercredi 4 octobre 1995

Jésus te dicte: avec toi, Mon enfant et chacun de ceux qui Me serviront au sein de l'archiconfrérie de «Prière et Pénitence», Je ferai revivre cette fondation — cette œuvre de rachat — que J'avais demandée et qui a été détruite en si peu de temps.

Je désire que Mon œuvre de rachat des pécheurs entraîne les âmes qui se sentiront appelées à Me servir ainsi, à devenir de petites âmes humbles et douces, dont le seul but sera de M'adorer, Moi, le Christ, en vivant dans une totale intimité avec Mon Sacré Cœur.

Je désire que Ma tendresse, donnée ainsi sous un jour nouveau, Me donne de régner dans les cœurs qui accepteront Ma grâce comme tu l'as acceptée.

C'est un travail difficile, que Je te demande-là, car il faudra beaucoup d'ardeur et d'amour pour amener les cœurs à changer afin que Je les comble de Ma Vie divine.

Que le père que Je t'ai donné t'aide et comprenne Mes voies pour préparer ce règne de Jésus-Christ, que Je suis. Les cœurs préparés avec soin deviendront des âmes bénies, dociles à l'Esprit Saint, et pleines de la joie profonde d'êtres unies aussi intimement à Moi.

Pour que cette mission se réalise comme Je l'entends, Je ferai fondre les cœurs durs qui se trouvent au sein de la basilique de Mon Cœur Sacré. Certains opteront pour une autre voie, car ils demeurent libres; mais personne ne M'empêchera de faire Ma volonté en ce que J'ai décidé d'entreprendre avec toi.

N'ayez donc peur de personne, Mes enfants bénis (c'est à toi ainsi qu'à ton père spirituel que Je M'adresse), car J'aplanirai toute difficulté que vous pourriez rencontrer: il Me suffit de votre abandon et de votre foi.

Que le chemin que Je vous demande de faire soit source de paix, de joie, et de tendresse en vos cœurs.

Je vous bénis.

Jésus

Jeudi 5 octobre 1995

Jésus te dicte: Je t'aime telle que tu es, si incapable de quoi que ce soit si Je ne te soutiens pas de Mon Amour.

Je t'aime lorsque ton cœur se refuse à accepter l'éloignement de Ma Présence;

Je t'aime, lorsque tu te révoltes involontairement contre ce que Je permets en te cachant Mon Cœur divin, quoi que Je te refuse la révolte.

Mais si Je te pardonne et te bénis en chaque instant, c'est parce que ton cœur déborde d'amour pour Moi, le Christ.

Je ne condamne pas les paroles si fermes que tu m'adresses lorsque tu souffres autant de ne plus Me sentir aussi près de toi; et Mon Père, Dieu éternel, ne les condamne pas non plus, car elles sont dictées par la souffrance trop vive de ton âme qui se meurt sans Moi.

Pour que Je puisse t'abreuver de Ma Présence constante, J'ai dû permettre tout cela, que tu n'acceptes pas et ne pourrais jamais accepter tant la douleur est forte pour toi.

Cela sera fini d'ici peu…

Sache que ton cœur se meurt d'amour pour Moi, le Christ, et que c'est cette soif si vive qui Me permet de te donner autant que Je le désire.

Peu d'âmes ont vécu semblable purification, car Je n'avais pas dévoilé Mes trésors de tendresse… Je les réservais pour ce temps qui vient et dont tu fais partie.

L'âme doit être épurée à la mesure de Mes dons: plus Je l'aime et plus Je la rends belle…

Ma pauvre enfant, si Je t'ai paru ferme, Je ne suis que douceur pour toi…

Ma bien-aimée, regarde ton Dieu avec ton cœur d'enfant que Je te rends à présent.

Que Ma tendresse entre en ton cœur, toi que J'ai privilégiée ainsi pour être le signe de Ma douceur dans le monde.

Je te bénis de ne savoir que pleurer sans Moi, le Christ. Je te bénis de Me porter si fort en toi, que rien ne peut te rendre le sourire en dehors de Moi, ton Dieu.

Que Ma joie soit tienne, Mon enfant si douce à Mon Cœur: Je te la donne.

Jésus

Lundi 9 octobre 1995

Jésus te dicte: Je t'aime démesurément, amoureusement, comme seul Dieu — que Je suis — peut t'aimer. Crois à Mon Amour tellement grand pour toi, Ma petite âme si chère à Mon Cœur divin.

Que M'as-tu dit, au milieu de ta souffrance? «un amoureux ne s'en va jamais»…

Non, Dieu amoureux ne «s'en va» plus lorsque Sa créature Le désire assez fort pour être Son épouse. Mais avant ce «mariage» mystique, le Seigneur peut s'absenter pour être bien sûr que Sa future épouse ne désire que Lui.

«Je le sais, Moi, le Christ que tu Me désires si fort.» Oui, Je le sais, et Je désire que tu le saches toi aussi sans erreur. Le «divorce» n'existe pas, avec le Christ...

Si, enfant, Je suis doux et gentil... Ne dis plus cela, Je t'en prie. Si Je t'ai tant manqué, ces derniers jours, c'est pour te consoler de Mes bienfaits à présent.

Quand Je M'absente, enfant, c'est pour le bien de ton âme.

Tu ne veux pas: Je le sais. Mais si Je te donne ensuite de ne plus jamais M'absenter ta vie durant, accepteras-tu plus facilement la fin de cette purification?

Je te donnerai de Me croire, alors, si tu n'as plus même la foi.

Non, il ne te reste plus rien: abandon, confiance, joie et paix: tout s'est envolé dans cette souffrance si terrible que ton Dieu a permise.

Ne t'inquiète pas de rester sans force pour te défendre contre le mal: c'est Moi, le Christ, qui ai annihilé jusqu'à tes faibles forces.

Pourquoi? Parce que tu n'auras plus à te battre contre le démon qui te torture ainsi, d'ici peu: cela n'arrivera plus; alors Je «confisque» tes dernières forces pour que tu ne sois qu'amour. C'est Moi, le Christ, qui écris cela.

Je te désire au plus près de Mon Cœur et Je sais que tu entres en révolte lorsque tu es privée de Ma tendresse: Je le permets, car de toute façon, tes efforts personnels seront vains sans la force de Mon Amour.

Je te donnerai Mon Amour qui ne te quittera pas, et Je le donnerai à chaque âme qui sera capable de se laisser déposséder de tout, parce qu'elle brûle de demeurer en Moi, le Christ.

Tu n'as plus envie de lutter contre la révolte, lorsque la souffrance te paralyse ainsi? Je le sais, et si Je te demande des efforts dans ces tourments, ce n'est que pour t'aider, mais Je te répète que sans Mon Amour, tu ne peux rien. Alors laisse les efforts que Je te demande ainsi si c'est «trop» pour toi et contente-toi d'attendre Mon retour.

Je ne peux t'expliquer certaines choses, enfant; mais tu dois croire ton Dieu que Je suis et qui te dit t'enlever tout courage pour te défendre lorsque tu es privée de Mon Amour, car c'est lorsque tu ne peux plus rien de toi-même, que Je viens faire Ma demeure en toi.

Ma bien-aimée, Je te rendrai heureuse, et tu ne diras plus à ton Jésus ces paroles si fermes que ton cœur torturé ne peut empêcher.

Je pardonne ta révolte et Je l'ai permise en t'enlevant la vie de ton cœur: «Ma Présence d'Amour». Crois bien que si J'ai permis cela, Mon enfant si aimée, c'est pour te combler démesurément.

Vois-tu, si J'ai demandé aux âmes de lutter pour acquérir les vertus, à présent, Je viens donner un si grand Amour aux hommes qu'ils ne seront plus rien tant Je serai en eux.

Je t'aime: Je te le dis encore, Ma future petite «sainte» de ces temps nouveaux...

Jésus

Mardi 10 octobre 1995

Jésus te dicte: sors de ce nuage, petite enfant, et écoute Mon Cœur divin se révéler à toi.

Voici que tu deviens grande, et ton divin Maître ne saurait te laisser dans l'état de souffrance de ton âme actuellement.

Si la joie est longue à venir, parfois, elle vient néanmoins toujours, lorsque l'âme est prête à M'accueillir entièrement, Moi, le Christ.

Quand tu auras compris combien Je t'aime, enfant, tu ne croiras plus que Je suis dur de te donner (permettre) autant d'épreuves.

Si tu aimes ton Dieu, Il se donne à toi, amoureusement, et ce, quoiqu'Il ne soit pas «obligé» de se donner amoureusement (de façon à ce que tu Le ressentes) avant que l'âme n'ait gravi les échelons de la sainteté.

Je suis Saint et l'homme est pécheur, et pour cela Je ne dois — au sens du devoir — rien à Ma créature... Cela t'effraie, enfant, et tu penses intérieurement: «eh bien! si Dieu ne veut pas donner Son Amour aux âmes qui Le désirent tant, «tant pis» pour Lui: elles L'aimeront au purgatoire et pas avant»...

Oui, c'est ton langage, et Je le comprends, enfant, car J'ai mis un tel besoin de Dieu en toi, que tu ne saurais te disposer à ne rien connaître de Mon Cœur «sentimental». Tu as raison de désirer autant ton Dieu, car Je Me suis «obligé» de venir te nourrir ici-bas de Ma tendresse débordante, tant Je te désirais auprès de Moi (ici-bas).

Et, petite âme minuscule qui a l'audace de dire à son Jésus que Je n'ai pas le «droit» de te cacher Mon Amour, ne serait-ce qu'un peu de temps, Je te dis, Moi, le Christ: Je ferai en ce temps des âmes aussi minuscules que toi, que Je comblerai ici-bas pour oser demander Mon Cœur avec tant d'insistance.

Ton cœur n'admettra jamais que le Jésus de ton âme puisse refuser de Se laisser connaître dans Sa bonté exclusive à chacun... et pourtant Je te dis, Moi, le Christ: Je ne dois rien à ton âme...

Mais tu ne veux pas comprendre ce langage, tant tu es sûre que l'Amour ne peut refuser de Se donner...

Tu as raison: l'Amour ne refusera jamais de combler une âme assoiffée comme tu l'es, et par cette soif que J'ai mise en toi, tu M'obliges à te répondre.

Ne crains donc pas, Mon enfant bénie; ton Dieu Se donnera à toi autant que tu le désires…

Non, Je ne te laisserai pas attendre le ciel pour te donner de ressentir Mon Amour, car tu te révolterais contre Moi, le Christ, et Je serais un bourreau si Je permettais cela.

Alors, de grâce, petite enfant, renais à la vie; Je viens te consoler bien vite.

Jésus

Samedi 14 octobre 1995

Jésus te dicte: console les opprimés et les affligés, Mon enfant, comme Je te le demande, et cependant ne t'attriste pas ainsi lorsque tu regardes leur souffrance.

Console Mon Cœur en aidant et ne crois jamais que J'abandonne ces âmes à la souffrance: Je veille sur elles en leur donnant autant que Je le peux.

Contente-toi d'aider pour Moi, le Christ, et ne regarde pas «sentimentalement» ces âmes: car ton cœur n'y survivrait pas. Je t'envoie consoler et être heureuse ainsi; je ne t'envoie pas t'attrister en comprenant ces souffrances d'une manière que Je ne désire pas pour toi, entends-tu?

Le véritable amour consiste à donner ce que Dieu désire que tu donnes, en écoutant l'Esprit-Saint, et à ne pas donner suivant ton jugement humain; ainsi seulement tu donneras l'Amour de Dieu et orienteras l'âme affligée vers Moi, le Christ Jésus, alors qu'un amour humain, donné suivant ton jugement humain, orienterait l'âme vers toi et non vers Moi.

C'est une consolation humaine, qui est bonne, et cependant, de toi, enfant, Je désire que tu donnes Ma consolation divine.

C'est pourquoi Je te dis: ne porte pas sentimentalement la souffrance de ces âmes. Donne ce que Je désire, dans la joie que J'aide cette âme à travers toi, et ne regarde pas autre «chose» que ton Jésus.

N'écoute que le Christ, ton Dieu, enfant; ne pense qu'en Moi; ne regarde que Moi.

Je te bénis de M'avoir compris.

Jésus

Samedi 14 octobre 1995

Jésus te dicte: Je vous donne ces messages de conversion des cœurs, à vous, membres de la «Fraternité de Prière et Pénitence», afin que vous appreniez à connaître votre Dieu Amour, en la tendresse exclusive qu'Il a pour chacun d'entre vous.

Que ces messages soient pour vous source de joie et de paix profondes, afin que vous compreniez ainsi l'urgence de réparer le péché par l'amour.

«Prière et Pénitence» est une œuvre que Je destine, Moi, Jésus le Christ, au salut du monde. Mais pour que vous M'aidiez à racheter, à sauver, J'ai besoin avant tout de l'union intime de votre cœur avec le Mien.

Si vous n'avez le cœur en Moi, le Christ, si vous n'êtes pas amoureux de Mon Cœur Sacré, vous ne pouvez offrir parfaitement ni prières ni pénitences.

Mon désir est que vous compreniez, à travers ces messages, que Je désire de vous un cœur qui brûle d'amour, et ce, avant quelque sacrifice ou pénitence.

La prière, la pénitence sont des moyens pour vous unir à Dieu profondément, lorsque le cœur brûle déjà du désir de Jésus que Je suis.

Mais la prière et la pénitence données sans la passion que Je vous demande pour votre Créateur, sont vaines...

Je vous élèverai dans Mon Amour, pour peu que vous le désiriez; Je vous ferai connaître les trésors de Mon Cœur Sacré pourvu que vous Me laissiez enflammer votre cœur du désir de Dieu.

Mes messages vous sont donnés par amour d'une petite âme que J'ai élevée pour Me servir, en vous aidant à Me comprendre.

Que chacun laisse entrer Mes paroles en son cœur avec amour, et Je marquerai ce cœur avec les paroles de vie que Je lui destine.

Je vous bénis.

Jésus

Dimanche 15 octobre 1995

Jésus te dicte: lorsque l'Esprit Saint oriente les âmes vers Moi, Jésus, en parlant à travers toi, Je te bénis. Sois toujours accueillante à l'Esprit de Dieu, et défends Mon Cœur si plein d'Amour devant chaque âme que Je te donne de rencontrer pour cela.

Tu as raison, Ma petite âme bénie: simplicité et désir de l'Amour sont les portes qui Me permettent d'entrer dans le cœur d'une âme. Il n'est pas besoin de réflexion, d'actes forcés, de lectures, pour Me rencontrer; il suffit de désirer l'Amour, comme un enfant, en toute simplicité et en vérité; et Je fais le reste, Moi, le Christ Jésus.

Parfois Je donne la grâce de Me connaître à l'âme qui ne sait rien de Moi, par un livre; ou un être aimant, ou même une joie ou une souffrance.

Les voies de Dieu sont innombrables... A chacun selon le besoin de son âme...Vois-tu enfant, cette âme à laquelle tu as parlé aujourd'hui... Je la serrerai contre Mon divin Cœur et Je ferai en elle ma demeure: elle ne Me connaît que très peu et Je l'ai attirée à travers toi en ces instants. Ma grâce est entrée en elle; encore un peu de temps et elle apprendra à connaître le Cœur divin de ton Jésus.

La communion des saints, enfant... c'est cela; c'est accueillir l'Esprit Saint pour ouvrir les cœurs de tes frères à la grâce divine; c'est désirer pour eux l'union avec Dieu, c'est les faire entrer dans le Mystère grandiose de la rédemption...

(J'écris vite?!! toi aussi! Mais tu es tellement absorbée par ce que Je te dicte que tu M'obliges à aller aussi vite!...)

Je t'aime, Mon enfant, tellement tendrement que tu devrais ralentir ton pas afin de laisser Mon Amour entrer dans ton cœur... Garde-Moi au plus profond de ton cœur toujours, enfant... Tu ne sais la joie que tu Me donnes...

Je te bénis et dépose un baiser divin sur ton front, Moi, Jésus le Christ.

Jésus

Lundi 16 octobre 1995

Jésus te dicte: encore un peu de temps et Je t'aurai guérie définitivement de cette tristesse de te sentir loin de Moi.

Il Me suffit de ta confiance totale et de ton abandon amoureux pour que Je défende à Satan de te voiler Ma lumière ainsi.

Puis tu vivras, petite âme, et Ma présence constante ne te quittera plus.

Je t'aime tant que Je Me réjouis de demeurer aussi près de toi, en ton cœur, enfant…

Quand Je désire donner à l'âme de Me connaître intimement, rien ni aucun démon ne peut M'empêcher d'accomplir Ma volonté.

Dans quelque temps tu auras à aider les âmes que Je désire proches de Moi ainsi; donne-leur alors de s'abandonner avec confiance à Mon divin Cœur, sans craindre leurs faiblesses et péchés. Car Je Me donne aux humbles et aux petits, en dépit de leurs faiblesses et quelles qu'elles soient, car ils sont Mes préférés dans Ma Miséricorde et Ma tendresse infinies.

Quand Je te donnerai de soulager les cœurs, apaise-les en leur donnant tout de toi; sers ton Dieu avec zèle et ne mets pas de mesure au don de toi-même; Je t'accompagnerai en toute démarche, en tout instant, en le don de l'Esprit Saint que Je te fais…

Je te garderai de tout danger, et, là où tu iras afin de Me servir, rien ne t'arrivera jamais, Mon enfant bénie.

Que tes pas soient tous guidés par l'Amour, et Je ne te laisserai en aucun instant aux mains de l'ennemi.

Sache apaiser la douleur de ton Jésus crucifié par tant de haine, par ton amour d'enfant que Je ferai grandir «démesurément» comme tu Me l'as demandé.

Sers-Moi, jusqu'au dernier jour de ta vie, en demeurant dans la tendresse de ton Jésus et dans l'humilité du tout-petit qui ne sait rien, si ce n'est désirer l'Amour. Que ton cœur brûle toujours aussi fort, ma petite âme bénie, et Je serai consolé en toi de tant de cruauté à Mon égard…

Jésus et Marie te bénissent de soulager leur peine en t'abandonnant à l'Amour de ton Dieu.

Jésus

Jeudi 19 octobre 1995

Jésus te dicte: l'âme qui a soif de Moi est Ma bien-aimée pour la vie éternelle.

Je donne la soif de Dieu à l'âme qui la désire, et ce, en fonction de l'ouverture de son cœur à Ma grâce divine.

C'est le «degré» d'ouverture du cœur qui Me permet de verser en lui un plus ou moins grand désir de Dieu.

L'ouverture du cœur, c'est un cœur humble et simple, qui ne comprend que l'Amour et ne vit que par Lui.

Plus un cœur est attiré par les choses ou les êtres du monde, et plus il vit en s'affairant et en s'intéressant à ce bas-monde, moins Je peux créer la soif de Mon Cœur divin en lui; car la grâce de la soif de Dieu entre seulement dans un cœur dépouillé de tout, n'ayant aucune passion sur la terre.

Même les attirances les plus nobles, comme l'amour de la famille, du devoir bien fait, de l'exercice de la charité, ne doivent être «aimées» ou plutôt vécues qu'après et en l'adoration de Mon Cœur divin.

L'âme doit d'abord adorer son Dieu — que Je suis —, en se détachant de tout ici-bas, en Me laissant faire comme Je l'entends; alors, si elle M'ouvre son cœur ainsi, Me laissant la détacher autant que Je le désire selon la mission que Je souhaite lui confier, Je déverse en elle la soif de Jésus le Christ, et Je la nourris et la prépare à entrer pleinement dans la vie en Dieu. Ainsi seulement lorsque l'âme demeure en Moi et Moi en elle, Je peux lui apprendre parfaitement à aimer les autres âmes et exercer le bien. C'est la voie des humbles et des petits qui ne se sentent capables de rien par eux-mêmes.

A ceux-là, Je me révélerai, leur donnant de M'adorer, en vérité, et ils Me serviront suivant Mes voies.

Que ceux qui désirent brûler de ce désir de Dieu que J'ai mis en ton âme, en chaque instant, se dépouillent de tout ce qu'ils ont (et même de leur volonté de bien faire) et alors Je déverserai en eux, à la mesure de l'ouverture de leur cœur, l'amour fervent pour Moi, le Christ Jésus, amour brûlant de sensibilité et de passion.

Alors, les cœurs nouveaux seront, et Mon règne se manifestera.

Et à toi, petite enfant, qui ne vis que pour Me connaître et M'adorer en «chaque seconde», Je dis: aime passionnément le Cœur de ton divin Maître, Jésus-Christ, qui t'a dépouillée de tout afin de Se manifester plus tendrement en toi qu'en aucune autre âme de ce monde présent.

Soulage Mon Cœur Sacré en ne mettant aucune retenue à ta passion pour Moi, et Je te promets de ne jamais te quitter l'espace «d'un instant», Moi, le Christ Jésus.

Jésus

Lundi 23 octobre 1995

Jésus te dicte: appelle toujours aussi fort ton Dieu et Il ne saura te refuser Sa réponse…

Mon enfant, Je désire que tu dises au monde entier combien J'ai soif de sa prière constante du cœur pour Me désirer et Me connaître.

Parle aux foules que tu entreprendras avec Moi, Jésus, en et auprès de toi, et console Mon Cœur en leur faisant connaître Ma soif de leur amour.

Connais ton Dieu en tout ce qu'Il te dévoilera, dans Sa Miséricorde infinie, toi, Ma petite enfant si tenace dans la prière de ton cœur.

Je te livrerai les richesses de Mon Cœur et te ferai connaître Ma prédilection pour les âmes telles que toi, si petites et si têtues... (humbles)...

(Quand Je — Jésus le Christ — te demande d'écrire le mot «humbles»: écris-le)...

Je reprends...

Parce que tu es si petite, et que tu sais que tu ne peux rien sans Moi, le Dieu de tout ce qui est, Je te montrerai Ma divinité dans son Amour infini.

Parce que tu es «la soif» de ton Jésus, et rien d'autre que cette soif si intense que Je t'ai donné d'«être», Je ferai tout en toi, te serrant contre Mon Cœur divin et te tenant la main en chaque instant.

Cours, petite âme, cours dire au monde entier combien Jésus le Christ l'aime, et n'omets jamais de dire que «Je Suis» répond, de même qu'à toi, à toute prière ardente.

Quand tu auras compris combien J'aime les «riens» comme toi, tu embrasseras ton divin Maître qui fond d'Amour pour toi...

Je te bénis. Que Ma paix soit avec toi, et en chaque instant de ta vie, que Je consacre à Mon Cœur Sacré, Moi, le Christ Jésus.

Jésus

Mardi 24 octobre 1995

Jésus te dicte: lorsque le feu de l'épreuve est descendu sur toi, tu as fait comme Job»: tu t'es découragée en Me disant: «mais pourquoi T'éloignes-tu encore, mon Dieu, alors que je Te désire tant en mon cœur?»...

Et Je t'ai fait lire «Job» sans que tu comprennes, dans un premier temps, tant tu souffrais de Mon absence que tu trouvais «injuste».

Puis Je t'ai donné de comprendre ceci: tu n'avais certes pas toutes les richesses de Job, et Satan ne pouvait Me dire: «enlève-lui toutes ses richesses et elle ne t'aimera plus»...

Mais il a pu Me dire: «Tu lui as donné la soif et la passion de Toi; il est normal qu'elle T'aime lorsque Tu Te dévoiles à elle.»

Alors, Je — Jésus — lui ai répondu: «je te permets de la tenter, et de lui cacher Mon Amour.»

Cela était juste, car l'âme est toujours purifiée par le feu de l'épreuve, lorsque Je l'appelle auprès de Moi.

J'ai attendu, durant ces mois, que tu comprennes que Je suis juste, avec chacun, et que Je devais permettre à l'ennemi de te priver de Ma Présence, pour que ce dernier ne puisse Me dire: «Tu lui as donné la soif de toi et la réponse à cette soif sans Me laisser la tenter»...

Dieu est juste, en tout; et si Je ne peux te dire, comme à Job: «connais-tu la hauteur, la profondeur... de ce que J'ai créé, pour Me juger injuste?» parce que tu sourirais en Me disant: «je ne sais rien mais Tu as dit que Tu répondais toujours au désir des assoiffés»...

... eh bien! Je te dis: sais-tu combien J'ai souffert de te voir dans ces ténèbres où ton cœur se mourait sans Moi? Sais-tu combien J'attendais avec Amour l'heure où tu comprendrais et accepterais Ma justice, afin de te combler de Ma tendresse?

«Pardon», Me dis-tu?...

Je te pardonne de tout Mon Cœur Sacré, Moi, le Christ Jésus.

Et, afin que tu comprennes combien J'ai eu mal de te voir souffrir de la sorte, en pensant que tu devais te résigner à ne pas Me connaître aussi fort que ton cœur le nécessitait, Je te dis: laisse-Moi te brûler de Mon Amour afin que Je consume toutes tes fautes dans la tendresse si grande que J'ai pour toi.

Ne crois jamais plus que Je suis injuste avec toi, Ma petite enfant, et crois bien que si J'ai permis semblable épreuve de purification, c'est pour te combler de Mes bienfaits, lorsque tu M'aurais abandonné ton cœur.

Va. Je te bénis.

Jésus

Mercredi 25 octobre 1995

Jésus te dicte: que désires-tu accomplir pour Moi, le Christ Jésus, Mon enfant?

Si tu désires défendre ton Dieu, Je te bénis. C'est Ma volonté pour toi, que tu parles en vérité à la face du monde…

Ma petite enfant, tu seras crucifiée par la haine que les hommes de Satan manifesteront contre toi…

Je te donnerai Ma force, qui est l'Amour démesuré que Je te porte…

Je te bénis: tu auras «Mon Amour» pour t'aider en cette mission…

Que ton cœur soit en Moi, ton Jésus; ne Me quitte pas un instant: vis en Moi et ne vis que pour Moi; sers-Moi en ne te souciant de rien et obéis-Moi; parle en Mon Nom à toute personne que Je te donnerai de rencontrer; ne te tais pas devant le mal et enseigne comme Je le désire; ne crains personne, tu entends? *Personne:* Moi, le Christ Jésus te protégerai en toute heure. Toi, parle et travaille sans fin pour annoncer Ma Venue en Ma tendresse dans les cœurs.

Es-tu heureuse?

Je te bénis de Me dire cela: (...«Tu es un Amour!») Je suis l'Amour, incompris et haï...

Sois-Moi fidèle, enfant, et ne crains pas l'ennemi: Je te donne Ma joie en cette croix que tu partageras avec Moi.

Que ton temps se passe en adoration et à Mon service; vis complètement en Moi, afin que nous soyons Un.

Je te bénis. Apprends aux âmes à M'aimer, avec tendresse...; donne-leur ce que Je t'enseigne: l'abandon total.

Es-tu capable de renoncer à tout pour Moi, le Christ Jésus? Es-tu capable de Me donner ton temps sans partage autre que celui que Je réserve à ta famille et à ... (ton cheval)?

Alors Je suis heureux: tu Me consoles, enfant... Vis dans Ma paix et sois dans la joie.

Je t'aime démesurément...

Jésus

Jeudi 26 octobre 1995

Jésus te dicte: pauvres âmes esseulées, vivant dans les ténèbres que Satan dispose devant vous, pauvres âmes tristes et sans joie aucune parce que votre cœur ne demeure pas en Moi entièrement, osez renoncer à vous-mêmes, osez Me demander de vous détacher de tout ce qui n'est pas Moi, le Christ Jésus, et vous connaîtrez le bonheur de vous voir unies à Moi, en Moi, et vous ne vous sentirez plus jamais seules.

Pauvres âmes qui croyez M'aimer en Me donnant des actes de piété, et en pensant que vous Me satisfaites ainsi, en «entreprenant» pour Me servir et faire Ma volonté, comprenez que si la joie profonde de l'union à Mon Cœur divin n'est pas en vous, c'est que vous ne Me laissez pas faire Ma volonté en votre âme…

Si vous ne voyez pas les fruits de l'âme qui demeure en Jésus-Christ, en vous, et qui sont: la joie, la paix, le renoncement, la charité, le silence (tout cela venant de l'amour que vous Me portez et de la Miséricorde infinie et de la tendresse que Je vous donne…) eh bien! c'est que vous êtes obscurcis par Satan qui vous donne de vous complaire dans l'amour que vous croyez Me porter, et qui reste bien tiède parce que vous l'acceptez et désirez «ordonner» votre façon d'aimer.

Or, vous ne savez pas aimer. C'est Moi, le Christ, qui peux vous apprendre à M'adorer comme Je le souhaite pour chacun d'entre vous. Mais vous avez tellement à cœur de faire par vous-mêmes vos pas comme vous le désirez, sans écouter aucunement Mon Esprit Saint qui ne demande qu'à vous inspirer en chaque moment, que vous «végétez» dans un amour qui n'en est pas, mais qui convient à votre orgueil.

Vous êtes fiers de décider, entreprendre des tas de réunions, regroupements, conversations, ayant pour objet Mon service, et vous n'interrogez pas même votre cœur pour lui demander s'il se sent bien uni à Moi, Jésus, pendant ce temps…

Vous êtes dans l'orgueil de croire Me servir, alors que vous ne M'adorez pas, ni ne M'écoutez, ni ne Me comprenez; si vous le faisiez, vous comprendriez que Je — Jésus — choisis les missions que Je désire confier à chacun, et que bien souvent *vous* choisissez les missions que *vous* désirez accomplir «pour» Moi, et que Je ne désire pas pour vous.

Je donne la grâce à l'âme de faire ce que Je lui destine…; si *vous* entreprenez «pour» moi, sans demeurer en Moi, vous ne recevez pas la grâce d'agir, car vous êtes esseulés de par votre volonté.

Aussi, Je vous demande de faire silence, de M'écouter, et alors Je vous enseignerai.

Je te bénis.

Jésus

Vendredi 27 octobre 1995

Jésus te dicte: Je désire que cette Fraternité que vous représentez soit source de vie divine (car vie de Dieu en vous). Je désire que vous M'aidiez à sauver le monde en Me donnant votre abandon total à Ma volonté. Je désire que vous deveniez des «anges» porteurs d'Amour, comme le sont Mes anges, dans le ciel, afin que vous soyez forts contre le démon.

Je désire que vous appreniez à Me laisser nourrir votre cœur, comme Je déciderai qu'il sera bon pour vous.

Je désire que vous attiriez vos frères et sœurs, par l'Amour que Je refléterai en vous, et qu'alors, vous leur proposiez d'entrer dans ce groupe d'adoration de Mon Cœur Sacré, par la prière et la pénitence.

Je désire que ce mouvement grossisse, d'une manière que vous ne pouvez imaginer, dans le monde entier.

Pour cela, Je demande que vous méditiez Mes messages, et que vous les viviez. Je désire votre silence et non votre bavardage. Je désire vous donner la joie ainsi et le bonheur profond de vivre en Dieu qu'aucun d'entre vous ne connaît.

Je désire que vous écoutiez les messages que Je vous donne, de la bouche de Mon petit instrument, et que vous vous réunissiez dans le but de M'aimer et de M'adorer; aucun autre but que celui-là: venez à ces réunions que Je désire «de prière», non pour écouter comme des écoliers ce que l'on vous lit actuellement comme informations, mais pour Me rencontrer, Moi, le Christ Jésus.

Donnez aux âmes qui vous verront, dans ces réunions que Je désire au sein de la basilique, en Ma Présence eucharistique et non dans les salles attenantes, de voir des visages illuminés de la joie de Me regarder, éclairés par l'amour que Je vous donne d'avoir pour Moi, et par Ma tendresse que vous ressentirez.

Donnez, par votre silence et votre recueillement, aux âmes que Je ferai passer auprès de vous, de s'arrêter et de comprendre que les adorateurs de Mon Cœur divin, en *vérité* sont heureux et amoureux...; ainsi Mon Cœur divin régnera à nouveau... Je vous aiderai pour tout...

Que votre but soit d'aimer, et alors, Je vous promets Ma joie... Je vous bénis.

Jésus

Dimanche 29 octobre 1995

Jésus te dicte: Je désire te parler de l'évangile d'aujourd'hui, au sujet du publicain et du pharisien.

Je te regarde te dire: «mais Seigneur, le pharisien a le mérite de faire ces bonnes actions...», et penser que toi, tu ne peux faire quoi que ce soit sans Mon Amour...

Eh bien Je t'explique cela: quand bien même tu ne serais capable d'aucun acte élémentaire, si tu n'es pas comblée en ton désir de Dieu, Je te bénirais tendrement. Car ce que Je demande à l'âme, c'est de Me désirer avec son cœur, et ensuite de Me servir en demeurant en Moi, Jésus.

Mais il est vrai que tu es incapable de rien, sans Moi, ton Dieu..., parce que ton âme a tellement soif de Moi, qu'elle se laisse mourir si elle ne brûle pas dans Mon Cœur divin...

Aussi Je ne te reproche pas d'être si faible lorsque tu aspires tant à Me connaître.

Vois-tu… le pharisien a la force de M'offrir ses jeûnes et ses offrandes matérielles, et c'est encore de Moi que vient sa force d'agir ainsi, mais Satan détourne cette force à son profit, en mettant orgueil et haine dans le cœur du pharisien qui se targue d'être vertueux vis-à-vis de ses frères.

Pourquoi M'offre-t-il tout cela? Pour s'admirer et se complaire en lui-même, et non pour M'aimer…

S'il avait le cœur pur, il aurait la force de faire ces bonnes actions et l'amour en plus.

Pourquoi «aime-t-il» M'offrir ces jeûnes et autres actes de piété qui n'en sont pas? — Pour être «*quelqu'un*» à ses yeux et aux yeux du monde; il se ment à lui-même…

Le publicain, lui, se sait pécheur, et son cœur est dans le besoin: il le sait; alors il mendie miséricorde et sera exaucé, même s'il ne peinc pas ou ne Me donne pas d'offrandes diverses par manque de courage et de force. Car ce pécheur reconnaît ses faiblesses et manquements et ose demander de l'aide à Dieu: elle ne lui sera jamais refusée.

Alors, à toi, Ma petite enfant, qui soupire après Moi en te décourageant de M'offrir quoi que ce soit, car «cela t'ennuie sans amour», ne crains pas et vis dans Ma Miséricorde infinie qui ne te demande pas ce que tu n'as pas la grâce d'offrir, et qui souhaite t'emplir de Mon Amour, toi qui as tant besoin de Ma Présence douce et sensible.

Que ta vie Me soit offerte avec seulement ton désir de M'adorer et de vivre en Moi, dans Ma tendresse, et alors Je te bénirai de tout Mon Cœur, sans tenir compte de tes faiblesses.

Que ton cœur, que Je préfère à tant d'autres (dans le sens où tu Me désires si fort), soit Mon repos et Ma joie.

Jésus

Lundi 30 octobre 1995

Jésus te dicte: quand tu as l'impression de M'avoir perdu, parce que le travail t'a beaucoup occupée, Je suis là, pour te consoler et te combler de Ma Présence, dès que tu as fait le pas de Me regarder…

Il faut que tu accomplisses ton travail en étant en Moi, Jésus, et en demeurant calme. Ne te dépêche pas en t'inquiétant: si tu donnes de toi à Dieu, Dieu s'occupe de tout pour toi.

Lorsque Je te demande de travailler «concrètement», travaille en paix, sans t'inquiéter d'être moins contemplative. Je bénis ton travail et ne te demande pas ce que tu ne peux Me donner.

Je te désire unie à Moi, le Christ Jésus, par la contemplation tout au long de ta vie, et Je te donnerai la grâce pour cela; mais lorsque les événements le demandent, ne t'afflige pas de passer moins de temps à M'adorer. Je ne te surchargerai pas d'occupations matérielles: accepte celles que Je te donne sans penser que tu Me déplais ou M'attristes. Tu as oublié de M'aimer en travaillant? Eh bien Je te donnerai la grâce de travailler en M'aimant davantage au fil des jours.

Ce n'est pas du temps perdu, enfant, ce temps que tu as donné pour les tiens et Je te bénis pourtant de désirer être proche de Moi autant que Je le souhaite Moi aussi…

Vois-tu…, l'essentiel est que tu sois là, à présent, à écouter ma tendresse si grande pour toi: unie à Moi, et dans la joie de nous retrouver ainsi.

Prends le temps de «faire»; et alors tu pourras M'écouter en travaillant. Je t'aiderai. Quand tu Me sers, en travaillant, Je te bénis.

Pour que Ma volonté s'accomplisse totalement en toi, tu ne dois que M'aimer aussi tendrement que tu le peux, et suivre ton cœur que Je garde en Mon Sacré Cœur: le reste, *tout* le reste, Je le ferai.

Je te bénis.

Jésus

Mardi 31 octobre 1995

Jésus te dicte: pour que tu ailles «bien», Je dois te former comme Je le désire; alors, tu vivras en paix et heureuse d'être en Ma Présence constante.

Acceptes-tu de Me laisser te former comme Je le souhaite?

Veux-tu être l'objet de Ma passion en la tendresse que Je refléterai en toi?

Donne-Moi ta vie entière à Moi, le Christ Jésus, dans la joie de M'appartenir totalement.

Comprends-tu cela?

Tu dois être heureuse d'être l'objet de Mon Amour infini, te sachant gardée et préservée de tout mal; si tu Me donnes ta vie, librement et amoureusement, rien ni personne ne t'arrachera à ton Dieu.

Vis dans Ma grâce, en permanence, enfant; en t'abandonnant totalement à Mon Amour, tu seras dans la demeure que Je t'offre: Mon Sacré Cœur.

Tu es Ma petite enfant en laquelle Je fais Mon repos...

Pour que tu sois Mienne totalement, permets-Moi de te former en chaque instant à l'abandon à Mon Esprit Saint. Laisse-Le te brûler de Son Amour; alors, Je recevrai ta consécration totale à Mon Cœur divin.

Vois-tu..., tu es si petite que tu seras toujours incapable de demeurer en vie sans Moi, le Christ. Alors, Je t'unirai si tendrement en Moi et à Moi, que tu auras la force de faire Ma volonté aussi longtemps que tu demeureras en vie ici-bas...

Tu sais... J'aime les petits enfants: ils ne savent rien mais ils ont le cœur ouvert à l'Amour; ils sont Ma faiblesse...

Comme un enfant tu dois être: repose en Mon Cœur, totalement abandonnée, et Je demeurerai en toi, te donnant tout de Moi.

Je te demande d'écouter Mon Esprit d'Amour, aussi bien que tu le peux, et Je sourirai en toi.

Je te bénis.

Jésus

Lundi 13 novembre 1995

Si tu as le désir de faire Ma volonté, Je te bénis et te couvre de Mes grâces.

Pour que Je puisse Me manifester en toi, il ne Me faut que ton adhésion confiante.

Si tu as la confiance en toi, pour Moi, le Christ Jésus, Je fais tout en toi, quelles que soient tes incapacités; et Je te dis à nouveau que chaque acte (bon) accompli par une âme trouve sa source dans la grâce que J'ai donnée à cette âme.

En soi, toute âme est incapable, sans la grâce divine; ne t'inquiète donc pas de ton incapacité, et sache que l'âme qui Me désire est rendue capable de tout ce que Je souhaite en elle, par Ma grâce.

Si Je te laisse regarder ton incapacité de temps à autre, ce n'est pas pour que tu sois toujours Mon petit rien que J'aime tant. Mais ne pense pas que les autres âmes soient plus capables de bien faire que toi sans Ma grâce: cela n'est pas.

Sans la grâce de Dieu, tu n'es rien: cela est vrai; et aucune âme n'est «quelque chose»...

Je déverse Mes grâces comme Je le désire, en chaque âme; et Je remplis le cœur de celle qui veut M'aimer et vivre en Moi. Si Je t'ai donné de brûler d'amour quasi constamment pour Moi, c'est que ton cœur a accueilli et désire cette grâce. Je ne refuse la grâce à aucune âme: à chacun selon son besoin...

Pour que tu sois heureuse, Je te dessine un cœur comme le Mien: tendre et doux; et pour cela, J'ai besoin que tu sois incapable de rien, sans Moi, le Christ. Plus tu es sans forces et plus Je peux te donner Ma force.

C'est une grâce d'être faible et de désirer l'Amour! Car Je donne beaucoup «plus» à l'âme faible qui n'a que le désir de Dieu, qu'à l'âme forte capable de beaucoup...

Si tu es faible, que M'importe? Ne t'afflige pas: Je t'aime tant parce que tu es si petite! Un rien qui Me passionne...

Ne comprends-tu pas que c'est lorsque tu te sens si faible que tu Me ravis parce que ton cœur entier est alors ouvert à Ma grâce?

Ne comprends-tu pas que tu possèdes alors la vraie vie parce que ton cœur est entièrement «disponible» pour ton Jésus?

Comprends-tu que les âmes qui se sentent «importantes» ou «nécessaires» ou simplement utiles ne sont pas dans le bon chemin parce qu'elles ne Me livrent pas tout de leur cœur?

Crois-Moi, Mon enfant... plus tu te sentiras petite et incapable, et plus tu seras Mon enfant bénie.

Comprends que c'est lorsque tu te sens faible et incapable que Je peux alors tout faire et partager avec toi; alors que l'âme qui se sent forte ou simplement ne s'abandonne pas dans l'humilité totale M'éloigne, car elle ne Me laisse pas entrer pleinement dans son cœur.

Lorsque tu te sens un «rien», Je demeure en toi, et vis avec toi; si tu te sentais plus «capable» tu Me laisserais moins de place, enfant…

N'envie pas les âmes qui te paraissent fortes: tu ne connais pas les cœurs et ne comprends pas encore que c'est ton néant accompagné de ton désir de Dieu qui Me séduit en toi. Comprends-tu? Tu n'es rien, si ce «n'est» désir de Dieu; et par ce désir de Dieu dans ton «rien» (!), Je ferai fondre des cœurs pour Moi, Jésus.

Je te bénis. Va.

Jésus

Vendredi 17 novembre 1995

Jésus te dicte: laisse agir l'Esprit Saint en toi. Il te sanctifie et te donne Son essence divine qui est l'Amour. Pour qu'Il puisse te combler, donne-Lui toute liberté en toi. Fais Sa volonté qui est la Mienne (à Jésus, que Je suis) et laisse-toi former souplement, docilement…

Fais que Je sois fier de Mon enfant, devant le Père éternel, Dieu tout-puissant, par ton obéissance à Ma volonté. L'obéissance à la volonté de Dieu est adoration de Jésus le Christ, que Je suis…

Laisse-Moi entrer en toi, en Me donnant ta confiance et ton abandon. Dis-Moi que tu M'aimes, et ne te soucie de rien d'autre.

Que ta vie soit amour, Mon enfant… Donne Ma tendresse aux hommes: ils en ont tant besoin…

Fais de ton mieux pour Me plaire, en Me laissant faire en toi; Je ferai tout, si tu Me le permets.

Pour que Je Me manifeste en toi, «réclame»-Moi avec passion et feu: le feu de la tendresse que Je t'ai donné d'avoir pour Moi, le Christ Jésus.

Je t'exaucerai, Mon enfant…

Mets-Moi en premier, toujours, et puis sers-Moi, lorsque tu demeures en Moi: Je ferai tout cela en toi.

Petit «rien», tu Me ravis par ton abandon…

Je te bénis.

Jésus

Dimanche 19 novembre 1995

Jésus te dicte en l'Esprit-Saint:

Aime-Moi, Mon enfant, en écoutant Mon message: aime-Moi seulement et écris.

Pour que les hommes comprennent et accueillent le Feu d'Amour que Je désire déverser en leur cœur, Je dois fragiliser leur âme, la sensibiliser à l'Amour.

Peu d'hommes désirent l'Amour, avec leur cœur; il s'en trouve qui veulent Me plaire, offrir des actes bons pour Moi, l'Esprit de Dieu, mais peu trouvent la source de leur vie en Moi uniquement.

Pour que Je puisse entrer dans les cœurs, en les brûlant de Mon Amour, de Ma tendresse, leur donnant alors de M'adorer en vérité, J'ai besoin qu'ils M'écoutent et désirent faire silence pour M'entendre.

(S'ils désirent l'Amour, enfant, Je leur donne *entièrement* Mon essence divine, que Je suis, de même que Je Me suis dévoilé à toi.)

Ils ne M'écoutent pas, car ils veulent rendre hommage aux hommes, et leur plaire, afin de se servir eux-mêmes. Peu Me mettent en premier…

Ce n'est qu'en de toutes petites âmes, qui se savent des riens, que Je peux entrer pleinement, leur donnant d'accomplir Ma volonté.

(Quand Je te montrerai le cœur d'âmes qui disent M'aimer, Moi, ton Jésus, ton cœur en chavirera de souffrance, tant tu verras combien Je suis haï.) Si les hommes savaient s'oublier un peu seulement, par amour véritable pour leur Dieu, alors Je referais leur cœur, le transformant en un cœur doux et charitable, de la vraie charité qui ne s'accomplit qu'en demeurant en Moi, l'Esprit de Sainteté.

Au lieu de cela, Je Me trouve crucifié, haï, meurtri par les Miens, ceux qui se disent chrétiens…

Pour que les hommes comprennent combien ils Me bafouent, aime-Moi, Mon petit instrument, et sers-Moi autant que Je le désire; rachète par la tendresse que Je te donne d'avoir pour Moi, Jésus, et parle en Mon Nom…

Pour que les cœurs s'ouvrent à la grâce en comprenant combien Je les désire humbles, donne Mes messages inlassablement et aide ainsi partout où Je t'enverrai.

Pour que les âmes retrouvent le sourire en se sachant aimées de Moi, le Christ Jésus, reste toute-petite et deviens ainsi le signe de Ma tendresse pour le monde; là est ta mission, petite enfant, toute la mission que Je te donne: M'adorer, Me servir et Me refléter.

Je te bénis: va, travaille à l'œuvre de Dieu.

Jésus et l'Esprit Saint

Lundi 20 novembre 1995

Jésus te dicte: écoute Ma plainte, enfant…

Lorsque les hommes Me renient et désirent vivre sans Moi, le Dieu de tout ce qui est, ils oppressent Mon Cœur Sacré et divin, Me refusant la joie de leur donner le bonheur.

Je leur ai donné Ma vie. Je les ai rachetés, leur ai offert Mon Corps et Mon Sang afin qu'ils ne soient jamais séparés de Moi, et ils Me repoussent, attirés par le mal.

Je ne leur reproche pas leurs faiblesses, mais leur absence de repentir, leur «non-désir» de l'Amour.

Pourquoi Me font-ils cela, alors que Je leur ai tout donné…? Ils savent, enfant, qu'ils font le mal, et ne désirent pas changer pour autant…, ce sont des âmes qui ne veulent pas aimer…

Pour que Je les sauve, offre-Moi tout ton amour d'enfant; offre-Moi ta tendresse, offre-Moi de M'aider en Me donnant ta vie entière d'union à Moi, le Christ, ton Jésus. Ainsi, nous délivrerons des âmes, Mon petit «rien»…

Aspire à te rapprocher de Moi, toujours. Ne perds jamais un instant sans amour: offre-Moi ton désir incessant de Jésus, que Je suis. Accepte de brûler d'amour continuellement, par ce feu que J'ai mis en toi et que Je n'éteindrai jamais…

Accepte d'être une avec Moi, de ne refuser aucun de Mes caprices d'Amour et Moi, le Christ, Jésus, Je ne refuserai pas de te donner la tendresse si grande que Je te destine.

Sois Mon petit bouclier face aux méchants qui ne désirent pas Ma loi mais celle de Satan. Pardonne-leur, enfant, car ils te feront mal par leur refus de la vérité que Je leur dirai par ta bouche. Pardonne et ainsi tu sauveras…

Pour que Ma volonté s'accomplisse, mets-toi à Mon service, pleinement, en écoutant Ma joie de te chérir autant, en ouvrant tes yeux et tes oreilles, afin que tu voies et entendes ce que Je désire te montrer: Mon Esprit de Sainteté.

Par la paix que Je donnerai à ton âme, tu rayonneras Ma bonté et Ma douceur. Va, Mon petit agneau béni.

Jésus

Mardi 21 novembre 1995

Jésus te dicte: lorsque le jour arrivera, pour chaque âme, où elle Me rencontrera face à face, Je dirai à ces âmes: «qu'avez-vous fait de votre vie pour Moi, votre Créateur et Sauveur? Qu'avez-vous fait pour Moi qui vous aimais tendrement en chaque instant? Avez-vous voulu Me connaître, connaître l'Amour et faire le bien qui est Ma volonté?»

Alors, certains se précipiteront dans Mes Bras, heureux, merveilleusement heureux de demeurer avec Moi, le Christ, Jésus, dans Mon Cœur, pour la vie éternelle.

Et d'autres diront: «mais Seigneur, nous ne te connaissions que très peu et ignorions de quel bonheur nous nous sommes privés, durant la vie sur terre, et cependant nous avons fait notre possible pour écouter notre conscience.» Alors Je leur dirai: «venez, et entrez dans le royaume des cieux, pour votre repentir et votre honnêteté.»

Et d'autres encore Me diront: «nous T'avons servi, honoré; nous sommes bons et justes»; alors à ceux-là, qui M'auront fait mal, n'écoutant que leur volonté et sans abandon aucun à l'Amour, Je dirai: «sortez, car vous ne M'avez pas aimé.»

Voilà...

... afin que tu saches que J'aime les petits comme toi, sans aucune prétention autre que de M'adorer.

Va. Je te bénis.

Jésus

Mercredi 22 novembre 1995

Jésus te dicte, afin que tu donnes l'aide que Je désire aux membres de cette Fraternité.

Dis-leur Ma peine lorsque Je les désire attentifs à Mon Cœur divin et que Je les vois se perdre dans des actes ou des réflexions qui n'ont par leur source dans Mon Esprit de Sainteté.

Dis-leur que Je les veux saints, de la sainteté que Je leur donnerai, à condition qu'ils M'écoutent. Explique-leur que, pour racheter les péchés du genre humain, il ne faut pas simplement se priver, mais le faire en M'adorant, Moi, Jésus le Christ, afin que ce soit l'amour qui nous unit qui sauve, et non l'acte de pénitence en lui-même.

Explique aux âmes qu'elles doivent se laisser toucher par la grâce — c'est-à-dire l'accueillir dans le silence — afin de connaître précisément ce que Je leur demande pour M'aider et sauver les âmes.

Dis-leur que Je les aime, et que ces pénitences sont Mes cadeaux, Mes grâces, pour unir profondément la créature à Moi-même.

Dis qu'il ne s'agit pas de M'offrir celles que Je désire pour chaque âme, et qui lui conviendront parfaitement.

Pour cela, il faut M'écouter…

M'écouter, c'est Me regarder, dans le silence intérieur, sans penser, sans chercher, sans imaginer, sans raisonner, sans juger…

Silence total…

Alors, Je parle…

Si l'âme désire ce silence, Je lui donne la grâce d'y parvenir…

Pour le désirer, il faut avoir faim d'accomplir Ma volonté.

Et pour cela, il faut Me laisser Me dévoiler à l'âme, en désirant l'Amour.

A celui qui désire l'Amour, Je donne tout.

Je te bénis.

Jésus

Vendredi 24 novembre 1995

Jésus te dicte: vois-tu, Mon enfant, l'obéissance est la vertu que Je préfère à beaucoup d'autres. Je t'ai dit, cet autre jour, que l'obéissance était (à Dieu) adoration de Mon Cœur divin et Sacré, alors comme tu désires M'adorer, tu as bien voulu Me faire confiance en M'obéissant.

Il est vrai que Je t'ai donné de M'adorer tendrement, et qu'alors, l'obéissance à ton seul Maître te paraît facile…

Mais Je désire expliquer aux âmes qui ne vivent pas encore autant que toi dans Mon Cœur divin, comment obéir.

Je ne t'ai donné aucun «maître» humain: tu ne dois donc obéissance qu'à ton père spirituel; et Je ferai en sorte que ce dernier (Mon enfant bien-aimé!) n'aille «jamais contre ton cœur».

Mais certaines âmes ont des devoirs d'obéissance envers les hommes, parce que Je le permets ou le désire. Mais il faut bien que ces personnes soient conscientes que leur cœur n'obéit (dans le sens de «devoir obéir») qu'à Moi, le Christ; car l'âme n'est esclave de personne.

Si cela était bien compris, les âmes n'auraient pas tant de mal à obéir aux humains…

Tant que l'homme cherchera son réconfort dans son semblable, au lieu de Me permettre de le plonger dans Ma tendresse infinie, il aura peine à obéir aux autres; car, malgré lui, il cherchera à être aimé de ceux qui le commandent, afin que l'obéissance soit alors plus facile…

Humainement, il est difficile d'obéir à un être qui n'est pas toujours aimant et juste: cela est vrai; mais si ce cœur qui doit obéissance se savait libre, entièrement libre, d'accueillir Ma grâce et Mon Amour dans l'union que Je désire former avec lui, alors il n'obéirait plus humainement et «sentimentalement» à ses supérieurs, mais il le ferait «divinement et facilement» dans Mon Cœur divin.

L'homme qui doit obéir, se sent parfois humilié, mal-aimé, et il souffre car il attend son bonheur de son semblable, et donc il se rebelle…

Mais, à celui qui attend tout réconfort, tout Amour de son Seul et Divin Maître, le Maître de l'âme, à celui-là Je promets le réconfort éternel de demeurer libre dans son cœur malgré le pire «esclavage» humain.

Si Je permets à certaines âmes d'obéir, ou de commander, qu'importe pour celui qui ne se nourrit que de Moi, le Christ? Qu'est donc «ce qui se passe sur la terre» en regard de Mon Amour qui ne périt ni ne s'amoindrit jamais?

Vous devez obéir à des ordres injustes ou désagréables parce que l'on ne vous respecte pas? Qu'importe si votre âme sait dire la vérité que Je lui propose de donner? Qu'importe si vous refusez le mensonge? Votre âme est libre et le sera éternellement. Vous cherchez à être aimés, reconnus? Non: cherchez à être aimés de Moi, «concrètement» si Je puis dire, car si vous désirez l'Amour, vous le ressentirez pleinement.

Dès lors, vous n'attendrez plus rien des hommes, tant le besoin de votre cœur sera satisfait en Dieu. Dès lors, vous n'aurez plus de peine à obéir, car vous n'appartiendrez plus au monde, et vous vivrez en vérité. Le reste (ce que les hommes vous font)... qu'importe? Votre vie est en Moi, et personne ne fera obéir votre âme: seul Dieu propose l'obéissance parfaite du cœur à Son Cœur Divin, obéissance qui n'est pas à comprendre au sens humain, mais qui est synonyme d'adoration et de joie.

A celui qui désire l'Amour, l'obéissance humaine ne sera pas difficulté, car la vérité demeurera en lui, et personne ne la lui ôtera. Ne cherchez pas à obéir «pour vous-mêmes», en désirant en tirer profit pour vous; mais faites votre devoir devant Moi, qui vous aime, et vous accompagne, et obéissez non «sentimentalement» à ceux qui vous commandent et vous font de la peine, mais divinement, en mettant votre sentimentalité en Moi, le Christ, et en acceptant humblement ce que Je permets pour vous comme «désagréments» humains, l'ayant Moi-même vécu. Mais, sachez bien que personne n'imposera de loi à votre cœur, et que, si vous adorez votre Jésus, Je serai roi en vous; cela signifie: aussi petits soyez-vous, dans l'ordre hiérarchique humain, aussi grands serez-vous, par votre amour sans bornes pour Moi.

Alors, à ceux auxquels Je donne des «Maîtres humains», Je dis: acceptez et soyez humbles puisque Je le désire de vous; et n'ayez pas peur de l'obéissance, car la seule obéissance véridique et durable est celle de l'âme à Dieu et non celle du corps aux hommes. Que Ma vérité ne vous quitte pas, et alors, vous serez maîtres et non esclaves: maîtres, parce que Je demeurerai en vous et régnerai sur les esprits enténébrés qui désireraient régner sur vous.

Je te bénis, Ma petite enfant qui n'obéit qu'à son Jésus! Adore-Moi donc ainsi, et Je te rendrai plus libre que l'air...

Va, et demeure en Moi.

Jésus le Christ

Jeudi 30 novembre 1995

Jésus te dicte: Je vais te parler de la persévérance. C'est une vertu chère à Mon Cœur; elle permet à l'âme de demeurer fidèle et loyale éternellement.

Es-tu persévérante? Ta persévérance n'est que dans le désir fervent de Dieu que Je suis? eh bien cela Me suffit de toi ainsi: et c'est la seule persévérance qui Me plaise au-delà de toute autre, car elle est — en tant que désir de l'Amour — acquiescement libre et volontaire de ta part à Ma volonté pour l'âme.

Si tu désires l'Amour plus que tout, tu es persévérante, si ce désir demeure en toi.

Mais, Me dis-tu..., «je ne peux faire aucun effort de persévérance dans les actes, si je ne ressens pas Ton Amour»...

Alors, Je te dis, Moi, le Christ Jésus: à des âmes aussi faibles que toi et incapables du moindre effort sans Ma Présence d'Amour, Je donne de brûler du Feu de Mon Esprit-Saint pour Moi: c'est tout; et alors, embrasée par l'Amour, cette âme Me laisse faire tout effort en elle, dans la joie et l'abandon total.

«Elle n'est pas persévérante», Me dis-tu, cette âme qui brûle d'Amour pour Moi en tout instant? Si, elle est persévérante du seul bien que Je lui désire: de brûler incessamment sous Mon regard d'Amour.

Cela te convient, à toi qui n'es capable de rien sans Dieu? Alors sois heureuse vraiment, petite âme qui as accueilli Ma grâce si fort, car la persévérance dans les actes n'est rien si elle n'est pas le résultat *donné* par Moi, Jésus, dans l'âme qui demeure brûlante en tout instant.

Persévérer dans des actes sans demander la vie de l'âme en Dieu, est peut-être louable au sens des hommes, mais pas au «sens» de Jésus, que Je suis.

Je t'ai donné de comprendre la déception que peut procurer à une âme désireuse de persévérance, la réponse: «eh bien! il faut faire des efforts...»

Cela te fait sourire, quoiqu'un peu tristement, en pensant à tous les cœurs qui croient cela et s'arrêtent donc là sur le chemin de Dieu tant ils sont incapables d'efforts sans Mon Cœur divin...

Eh bien, Mon enfant, avance vaillamment, et dis à ces âmes de bonne volonté que Je ne t'ai pas formée ainsi, toi qui étais incapable du moindre regard durable vers Moi: dis-leur que pas une fois Je ne t'ai dit: «fais des efforts» et que Je t'ai seulement serrée très fort contre Mon Sacré Cœur, te donnant de brûler d'amour et de tendresse pour Moi; et alors, tu M'as accueilli et plus quitté; dis-leur que Je t'ai enlevé jusqu'à tes dernières forces afin que tu sois encore plus incapable, et qu'alors Je fournisse chaque effort (qui n'en est plus mais qui devient acte de joie) en toi.

Dis à ces âmes qui sont dures dans leur cœur lorsqu'elles ne se laissent pas modeler par l'Esprit Saint, que pas une âme n'est capable du moindre effort lorsque la souffrance l'a affaiblie, découragée, dis-leur que c'est l'Amour de Dieu, ressenti, qui soignera ces âmes, et non les efforts qu'elles ne peuvent donner.

Dis aux âmes, à toutes les âmes, que Je n'attends que le désir de leur cœur d'être heureuses en Dieu, que J'attends seulement qu'elles se reconnaissent incapables de rien, pour Me précipiter en elles et leur donner le feu de Mon Amour (en elles) qui ne s'en ira jamais: cela est persévérance.

Console et soigne, enfant: apprends aux âmes à recevoir de Moi la vraie persévérance, en venant Me demander tout, constamment, comme à un père qui brûle de nourrir son enfant de sa miséricorde et de sa tendresse.

Et qu'elles laissent là tout effort, incapables qu'elles sont; Moi, le Christ, Jésus, serai capable de tout en et pour elles: Je les rendrai dignes de Moi, les abandonnant à Ma volonté d'Amour dans la joie, les purifierai afin de leur donner le bonheur quelles que soient les épreuves, et Je régnerai dans les cœurs, apportant la paix à leur entourage et convertissant ce monde affaibli et si triste.

Et alors, le «paradis» sur terre renaîtra...

Dis, enfant, aux âmes, de ne plus faire par elles-mêmes aucun acte, vraiment... mais qu'elles écoutent leur cœur placé dans Mon Cœur Sacré, et alors Je les inspirerai, leur donnerai de M'aimer et de ne plus Me quitter.

Dis aux âmes de désirer le bonheur et de reconnaître humblement qu'elles ne peuvent le trouver qu'en Dieu.

Moi, Dieu de toute gloire, donnerai alors la persévérance de l'amour dans la joie, vraiment, aux âmes aussi incapables que toi.

Dis-leur, si tu le désires, que tu serais morte de tristesse, malgré le «bonheur» terrestre qui t'entourait, tant tu désirais l'Amour. Dis-leur que tu n'as jamais fait aucun effort pour Me rencontrer; ... et que Je suis venu...

... et que Je t'aime tant...

... et que tu pleures de joie et d'amour...

... et que tu «veux bien» tout de Moi, le Christ Jésus, à présent, car ce n'est plus toi qui fais mais Moi en toi...

Je t'aime, petite enfant qui est fortement en Mon Cœur...

Jésus

Mardi 12 décembre 1995

Jésus te dicte: Ma bien-aimée, lorsque ton cœur est dans le Mien, confiant et abandonné, Je Me vois en toi et Je souris...

Pour que Ma grâce pénètre en toi, il M'a fallu te faire lire «Daniel», dans la sainte Bible, afin que tu comprennes que les enfants de Dieu, abandonnés entièrement à Son Cœur Sacré, sont protégés de tout mal.

Cela a éveillé ta foi, et éveillera celle d'autres âmes qui dorment sans le savoir; toi, tu le savais et M'as demandé de te réveiller: Je l'ai fait.

Demeure dans la foi, à présent, et ne perds pas de vue que la foi en Mon Amour infini est la condition de Mes grâces. Ne dis jamais: «ce n'est pas possible pour moi», ou d'autres réflexions dans ce genre…

La foi, c'est demeurer si fort dans le Cœur de Jésus, que tu reçois concrètement toutes les grâces qu'il Me plaît de te destiner, et ce, parce que tu crois que Mon don d'Amour est inépuisable.

Vois-tu: Daniel n'est pas mort dans la fosse aux lions, car il avait foi en Dieu. Fais comme lui: aie cette foi qui «déracine» les montagnes, parce que tu te sais Mon enfant chérie et que tu demeures dans l'humilité du tout-petit.

Il y a des «choses», des faits, des événements, qui dépassent la raison humaine car ce n'est pas «ordinaire». Alors l'homme doute, car ce qui n'est pas «courant» le dérange: il n'a pas la foi.

Mais Dieu n'est pas «ordinaire»… et si les hommes avaient le désir de la foi, ils seraient abreuvés de nourriture céleste, autant spirituelle que concrète si besoin était…

Alors, toi, Mon petit enfant, sois dans l'humilité du nourrisson, qui demande tout, simplement, à sa maman, sans se préoccuper de savoir si «cela se fait habituellement» de demander ou de recevoir autant.

Sois aussi petite que Daniel: aie foi en Dieu qui te protège envers et contre tout et ne te donnera jamais un serpent lorsque tu lui demandes un cadeau avec amour.

A présent, accepte Mes dons avec amour, sans douter, et glorifie ainsi le Christ Jésus, que Je suis, par ton abandon et ta foi totale.

Je te bénis.

Jésus

Mardi 9 janvier 1996

Jésus te dicte: lorsque tu as fait le sacrifice de ta vie entière à Mon Cœur Sacré, Je t'ai bénie tendrement. Je t'ai bénie de désirer l'Amour si fort et d'avoir le besoin ardent de M'adorer.

Quand une âme Me fait le don de sa vie, avec autant d'amour que toi, Mon petit enfant, Je la possède entièrement, ne refusant rien de ce qu'elle Me demande, dès lors que c'est l'amour qui la guide.

Pour toi, Mon enfant, J'ai fait des merveilles de grâces, que tu accepteras dans l'humilité du tout-petit qui ne sait rien si ce n'est mendier.

Dès lors que tu M'as adoré la première fois de ta vie, ce vendredi où Je te donnais cela (ce «sentiment» de l'adoration pour ton Dieu), Je Me suis promis de te faire le don de Ma Coupe débordante de Mon Amour: Amour si refusé et comprimé dans les cœurs durs et étroits.

Tu M'as adoré comme un enfant, en ce jour béni, et Je t'ai alors consacrée à l'adoration de Mon Cœur divin…

Je t'ai ensuite donné de porter en ton cœur la goutte de Mon Sang Sacré débordant de la Coupe de l'Amour si meurtri; et J'ai enfermé cette parcelle de Mon Amour infini (et qui est infinie en elle-même pourtant, puisqu'une seule goutte de

Mon Sang représente l'infini que Je suis), en ton âme d'enfant que Je Me suis rendue si petite et si pure.

Dorénavant, tu porteras l'Amour en toi, constamment, et tu Me donneras aux hommes; et ainsi, cette goutte de Mon Sang qui aurait pu retomber en «colère» sur le monde pour ses péchés sans nombre, sera source de grâces de conversion et de paix profonde.

Par les cœurs que J'unirai ainsi à Moi, le Christ Jésus, leur donnant de M'adorer en vérité comme Je te l'ai donné à toi, si petite enfant, Je reviendrai dans Ma gloire, régnant en ce monde par les âmes qui Me donneront tout, et ramenant la paix en Ma tendresse si grande.

Bientôt tu M'adoreras en tout instant, Ma petite âme, et alors tu seras si joyeuse de M'aider ainsi à sauver le monde que tu fondras dans Mon Amour!

Je te bénis.

Jésus

Dimanche 14 janvier 1996

Jésus te dicte: si l'homme fait la volonté de son âme, il erre et se trompe, bien souvent.

S'il se remet entre les mains de Dieu et Lui demande de régner dans son cœur, il sera dans la vérité et dérangera beaucoup d'esprits humains enténébrés.

Celui qui désire adorer Dieu et demeurer en Lui, en chaque instant, a la source du bonheur qui ne périt pas, et plus il grandira dans cet amour de Dieu, plus il vivra en Lui et donc détaché du monde et des attraits de ce monde.

Pour beaucoup d'hommes, adorer Mon Cœur divin est chose quasi impossible, parce qu'ils ne le désirent pas vraiment; dès lors, ces hommes supportent difficilement de voir des âmes toutes à Dieu et qui ne vivent pas selon les usages de ce monde.

Mon enfant, lorsque tu demandes à Jésus — que Je suis — de régner en ton cœur, Je fais Ma volonté en toi et Je te la signifie.

Que personne au monde ne vienne te dire que tu ne satisfais pas à tes devoirs d'état; car la grâce de Dieu est sur toi et en toi pour tout ce que Je te demande; ce qui vient de Jésus procure la joie en ton cœur; mais si la tristesse vient en toi au sujet de tes «obligations» familiales ou mondaines, c'est que le démon est là, dans les personnes qui te malmènent et non Jésus le Christ.

Je te donnerai toujours de faire ton devoir le mieux possible; et pourtant tu M'appartiens, à Moi, le Christ et à personne d'autre. Ne cède donc jamais à la perfidie du démon, qui essaierait, sous prétexte de charité, de t'éloigner de Mon Cœur divin, au moment même où Je te veux auprès de Moi.

Que chacun entende ces paroles, et comprenne que l'homme qui Me donne tout de lui, est préservé de l'erreur et du mal: qu'il écoute donc son cœur dans le Mien et la paix lui restera.

Et à toi, petite enfant bénie, Je dis: t'ayant consacrée à la prière (l'adoration) et à la pénitence (l'union profonde avec Dieu), tu Me dois le temps que Je te demande, et ce, quelles que soient les réactions que cela susciterait.

Ton devoir d'état? Il passe après l'adoration pour ton Jésus sans laquelle tu es incapable de rien; et crois-Moi, ce devoir est justement accompli en ta famille.

Vis, petite âme, et adore le divin Cœur de ton Jésus, et Je ferai le reste. Je te bénis.

Jésus

Jeudi 18 janvier 1996

Jésus te dicte: Je t'aime aussi petite qu'un nourrisson: sans défense, sans «avoir», si ce n'est le besoin de l'Amour de ton Dieu.

Sans attache de ton cœur à ce monde qui t'entoure, sans préoccupation plus grande que celle de Me trouver; tu es ainsi: Je t'ai rendue telle.

A présent, Je vais emplir ton cœur, que J'ai vidé de tout «meuble», afin d'y emménager «Mes meubles» qui sont l'Amour si grand que J'ai pour toi.

Je t'ai montré tout à l'heure comme une image, où tu voyais ton cœur comme une maison, avec une chambre et un couloir: tout était vide dans ce «cœur maison» si ce n'est la flamme de Mon Sang Sacré que Je t'ai donné de porter, Moi, le Christ Jésus, et que J'ai installée dans un petit coin de cette chambre.

Et tu as dit en toi-même: «c'est vide, ici», et: «pourquoi le Sang Sacré de Jésus (son Amour débordant qu'Il m'a donné de porter) est-il dans un recoin?»

Alors Je vais t'expliquer...

Jusqu'à présent, Je t'ai donné de purifier ton cœur afin que J'aie toute place pour M'y installer; et Je suis venu demeurer en toi, sous la forme de cette goutte de Sang divin et Sacré qui débordait de Ma Coupe; Je Me suis «installé» en ton cœur afin de t'unir à Moi, le Christ, Jésus, dans tout Mon Amour.

Pour que Mon Amour «s'étale» dans tout ton cœur, à présent, il Me faut la consécration totale de ton âme à Mon divin et Sacré Cœur; alors J'enflammerai de Mon Esprit Saint tout ce cœur que tu m'as offert.

Que cette consécration totale et définitive de ton être, te donne Ma paix et Ma joie, et ce, pour l'éternité.

Je te bénis, Mon enfant fidèle.

Prie (aime-Moi) et médite (ouvre les yeux à Mon Amour). Je ferai cela en toi.

Jésus

Samedi 20 janvier 1996

Jésus te dicte: heureux les cœurs purs, car ils seront rassasiés de Mon réconfort divin.

En ces temps qui viennent, de même que J'ai déversé la manne dans le désert, Je déverserai Mon Amour de tendresse sur les cœurs purs qui accepteront de Me suivre, Moi, le Christ Jésus.

Quand J'aurai purifié les cœurs qui désirent M'appartenir, Je les réchaufferai, les habiterai de Ma douce Lumière qui est mon Saint-Esprit.

En ces cœurs rendus purs de toute souillure, Je Me manifesterai, dans Mon règne glorieux, leur donnant Ma Présence concrète, et visible pour certains.

(Lorsque Je t'aurai donné cette Présence «visible» de Mon Etre Divin, tu comprendras Mes paroles.)

Maintenant, il faut que Mon Règne glorieux arrive vite, car cela doit être ainsi: la paix renaîtra de cette purification qui arrive, et les âmes qui désirent le Dieu de tout ce qui est, verront avec bonheur cela.

Je te demande de préparer les cœurs à Ma venue en livrant ces messages d'Amour et de paix là où Je t'enverrai.

Ne crains rien: Jésus le Christ ressuscité a écrit tout cela.

Je te bénis.

Jésus

Dimanche 28 janvier 1996

Si l'homme avait conscience de l'ignominie de son âme, lorsque son cœur ne demeure pas en Moi, Jésus, il en mourrait bien souvent...

Il mourrait du chagrin qu'il Me fait, et serait horrifié de se voir ainsi.

Il ne faut pas faire de mal aux petits enfants (les cœurs dévoués à Dieu), car Je les aime de façon préférentielle.

Il faut apprendre à les écouter, en discernant l'amour qui émane de leur âme; et lorsque l'âme d'enfant demande quelque chose qui est dicté par l'amour (et l'Amour), le chrétien digne de ce Nom devrait acquiescer, en enfant de Dieu.

Mes petits, Je les rends aimants de Mon Amour; dès lors, il ne faut pas s'étonner que leur cœur devienne exigeant par amour. Ne suis-Je pas exigeant dans Mon désir de donner Mon Amour? Comment les petits pourraient-ils mettre un frein à leurs désirs d'aimer, quelle que soit la façon dont ce désir se manifeste?

Est-ce parce qu'ils demandent de donner leur amour, d'une manière jugée inutile par d'autres au cœur dur, que Je dois laisser faire cela?

Croyez-vous qu'un tout petit acte désintéressé, d'amour, soit futile et vain parce que cela ne touche pas votre cœur?

Vous vous trompez, hommes qui croyez tomber dans un «mauvais sentimentalisme» en acquiesçant aux désirs de donner de Mes Préférés..., car aucun acte d'amour n'est vain ou de peu d'importance; ne refusez pas le cœur de ces petits car Je vous refuserai le Mien.

Sachez être humbles et vous comprendrez que l'on ne peut jamais «brimer» un cœur qui aime sans M'offenser cruellement.

A toi, petite enfant, Je dis: Je ferai fructifier le désir d'amour que tu as exprimé et qui t'a été refusé; rien ne sortira de ton cœur sans que Je l'utilise dans un dessein d'Amour, et ce, même si les hommes le refusent.

Je te bénis.

Jésus

Mardi 30 janvier 1996

Quand tu as sombré dans l'épreuve, par la tristesse, le découragement, et l'anéantissement de ne plus Me ressentir auprès de toi, Je t'ai aimée et regardée d'un œil bien douloureux...

Tu ne parviendras jamais à tenir sur tes jambes lorsque Je M'éloigne... Cela est trop dur pour toi qui ne désires que Ma Présence en chaque instant de ta vie.

Tu verras, et alors tu croiras; et enfin tu seras délivrée de tant de tourments...

Que verras-tu?

L'Amour que Dieu te porte. Car, si tu ne «touches» pas cet Amour, tu ne crois pas en ton cœur (ce qui te sauverait de ces épreuves), bien que tu croies avec ta raison.

Pourquoi ne crois-tu pas que Je t'aime tant?

Parce que ton âme est dans l'incapacité de se sentir privée de la Présence du Christ que Je suis. Je l'ai créée ainsi, ton âme: assoiffée de Dieu à tel point qu'elle ne saurait se résigner à M'attendre, tant elle souffre de Mon absence.

Je ne saurais te demander de «t'habituer» à porter ces souffrances que sont nos séparations, car tu ne le pourrais jamais.

Jésus — que Je suis — ne saurait te dire: offre-Moi tes souffrances et attends, et accepte...

Non, Je ne saurais te dire cela. Je sais que tu ne pourrais M'obéir.

Alors Je te dis: essaie de ne pas chercher à comprendre ces tortures: ni le pourquoi ni le comment.

Je viendrai, Moi, le Christ Jésus: Je viendrai et tu croiras, et tu vivras dans Mon Amour qui ne te quittera plus.

Je te bénis.

Jésus

Jeudi 1er février 1996

Jésus te dicte: enfant bénie de ton Dieu, écris Non.

Quand l'homme se livre à Dieu, avec tout son cœur, Je ne saurais le laisser dans l'erreur et loin de Moi, le Christ Jésus.

Lorsque J'étais sur la terre, Je donnais Ma Présence constante et réelle à ceux qui demeuraient auprès de Moi. Ils avaient le bonheur que leur cœur désirait en cela, Je veux dire: celui qui désirait grandir dans Mon Amour, auprès de Moi, était dans la joie constante; celui qui avait, en dehors de son amour pour Dieu, des désirs terrestres, était moins heureux; car Je donnais l'Amour, dans la limite de ce que l'âme Me «mendiait».

Jean a reçu beaucoup, auprès de Moi, parce qu'il ne désirait que Ma «compagnie»: Ma sainte Présence lui suffisait, étant son plus cher désir.

Je ne pouvais, sur la terre, refuser de montrer Mon Amour aux cœurs purs: Je le manifestais donc à tous ceux qui le désiraient, en fonction de l'ardeur de leur désir:

— à Marie, en premier lieu, tant son amour était grand;

— à Jean, ensuite, qui ne désirait que la tendresse de son Jésus.

Ces deux êtres ressentaient la puissance de Mon Amour, en Ma tendresse, parce qu'ils étaient purs, et désiraient l'Amour, exclusivement.

De même que J'étais avec eux et les âmes qui M'entouraient alors, Je suis maintenant avec chacun; plus encore, si Je puis dire…

Il doit donc être *évident* pour toi, que Je te donne et te donnerai autant que ton cœur le souhaite: et, si tu ne désires que Ma Présence afin de ne jamais Me quitter, tu es exaucée, si tu crois que Je ne Me refuse à personne et que Je suis auprès de toi pareillement que lorsque J'avais pris chair humaine.

Crois-tu cela?

Sois bénie dans ce cas, car tu recevras beaucoup. Ce que Dieu a fait de Son vivant sur la terre, Il ne peut le refuser à présent qu'Il demeure «dans le ciel»; car Sa Présence est et sera éternellement, en chaque âme de la création.

Vis avec Moi, auprès de Moi, en sachant que Je suis là, comme Je l'étais avec Mes apôtres sur la terre.

Et donc, Je suis «obligé» de te donner Mon Amour que tu désires tant: comment ferais-Je pour te le refuser?

Il Me suffit de ton cœur entièrement tourné vers Moi, enfant.

Je suis venu donner l'Amour afin que vous demeuriez heureux en Moi et Moi en vous.

Si le cœur se donne à Moi totalement, Je vis alors en lui, et ne le quitte pas.

Jamais, Je n'ai dit à Jean: «éloigne-toi de Moi, de Mon Amour, durant quelques jours: cela te fera grandir de ne pas Me ressentir auprès de toi.»

Comprends-tu cela?

Je ne peux éloigner de Ma Présence une âme qui ne vit que pour demeurer en Moi, le Christ.

Comprends donc alors que Je ne peux te refuser Mon Amour constant, dès lors que ton cœur le désire tant.

Et comprends que les âmes qui ont souffert de Mes absences ne les ont subies que parce qu'elles avaient la force de supporter cela, par leur cœur solide dans une foi dépouillée.

Pierre, en Ma Présence, avait une foi solide et dépouillée: lorsque Je l'envoyais en mission, il était heureux de Me servir ainsi, en écoutant l'Esprit Saint; il revenait vers Moi, heureux de Me retrouver, mais supportait l'éloignement «physique»; il croyait et œuvrait.

Jean était «perdu» dans la contemplation de son Jésus, en tout instant; et lorsque Je l'éloignais pour une mission, Je souffrais et il souffrait, tant nous demeurions unis.

A présent, Dieu n'est plus astreint à une mission terrestre, et peut demeurer constamment avec les «Jeans» qui Le désirent.

Aie foi en cela, et tu rayonneras.

Jésus

Vendredi 2 février 1996

Vois-tu, Mon enfant, lorsque tu Me regardes, dans le silence absolu de ton âme, Je peux te donner Mes trésors.

Ce silence, que Je te donne, Me permet de déverser Mes grâces en toi.

Contemple-Moi dans Ma douceur et adore-moi; fonds pour Moi et tu Me connaîtras.

Adore ton Jésus en désirant être unie à Moi en chaque instant. Et crois bien que Je t'exaucerai en chaque instant.

Pour Me connaître, tu dois essayer de t'abandonner en tout; si tu t'abandonnes, dans le silence, Je te donne Mon Cœur divin, totalement; amoureusement.

Aie foi que Je fais tout et tu verras. Ne te dis pas que tu dois réfléchir et agir pour que Je te donne: attends tout de Moi, sûrement, dans la foi de ton cœur (avec son amour).

Quand Je Me donne à toi, dans la sainte communion, désire être une avec Moi, le Christ Jésus, et nous sourirons. En chaque fois où tu Me reçois, Je suis heureux en toi; accueille-Moi encore «davantage», ouvre-Moi ton cœur avec foi, en croyant que Je te donne tout de Moi. Entends-tu: TOUT.

Permets-Moi de t'unir à Moi comme Je le désire et autant que Je le désire: en cela, ne décide plus de toi-même; laisse-Moi faire.

Garde présent à l'esprit que, si tu Me permets de tout faire, Je ferai tout.

Je te bénis.

Jésus

Dimanche 4 février 1996

Jésus te dicte: lorsque J'étais sur la terre, au milieu de Mes apôtres, Je leur apprenais à M'aimer, Moi, Dieu fait homme. Je leur demandais de désirer avoir un cœur de chair, selon la volonté de Mon Père.

Certains avaient le cœur en Moi, si bien que la parole n'était pas nécessaire pour se comprendre; ils puisaient l'Amour en Me contemplant, et Me le rendaient avec leur cœur.

D'autres ne savaient Me prier qu'avec des paroles nécessaires pour leur cœur qui ne connaissait pas encore la contemplation.

Parfois, il faut des paroles aux hommes, pour qu'ils parviennent à Me connaître en dialoguant avec Moi: c'est leur façon de Me parler avec leur cœur; plus tard, quand ils auront grandi, ils Me parleront dans le silence de leur cœur sans mots, et seront heureux de Me contempler en M'adorant.

Mais il faut que le chemin se fasse, et, si parfois les prières que tu pourrais entendre blessaient ton âme tant tu y souffres de l'absence de Vérité, ne juge pas, et ne te dis pas que Je te désire ainsi, Me parlant avec des mots.

Je t'ai élevée avec soin dans la contemplation de Mon divin Cœur; contemple donc et fais silence, puisque Je t'ai donné le bonheur de Me posséder ainsi, adorant ton Jésus en vérité.

Ne pense jamais qu'il faille te soumettre à des prières vocales pour Me plaire et offre-Moi ton cœur amoureux comme Je t'ai donné de l'avoir.

Je te bénis. Va.

Jésus

Lundi 5 février 1996

Jésus te dicte: où que tu sois, Je te donne de Me désirer, du fond de ton cœur; où que tu ailles, tu me désireras, Moi, le Dieu de tout ce qui est.

Quand la crainte de ne pas M'avoir auprès de toi est en ton cœur, Je regarde ce cœur épris de Moi, que Je t'ai donné, et Me dis: comment ferais-Je pour ne pas Me donner totalement à cette âme qui Me désire…

Et toi, cruellement éprouvée par le démon, tu Me regardes en te disant que tout est perdu car Je te laisse encore souffrir autant…

Vois-tu Mon enfant, tu as essayé bien des fois de te «sortir» de tels tourments spirituels contre lesquels tu ne peux rien.

Comprends enfin que c'est ton Jésus qui te délivrera de tant de souffrance et que tu n'as qu'à Le laisser faire. Comprends que Je pardonne ta révolte d'enfant qui souffre, révolte causée par ton amour et non ton manque de cœur.

Si Je te donne autant à porter, en permettant ces cruels tourments, Je te donnerai Mon Amour, demeurant en toi, pour le monde entier, et alors tu comprendras combien Je t'aimais en ce temps de souffrance.

Sache en tout cas que Jésus dira:«cela suffit», au démon, et que tu vivras alors, quoi que tu puisses en penser maintenant.

Il faut que Je vienne, afin de te guérir, et te délivrer de tant d'attaques en te faisant Mienne totalement.

Et cela ira ensuite; la joie habitera en toi.

Je te bénis.

Jésus

Mardi 6 février 1996

Jésus te dicte: sais-tu ce qu'est la consécration totale à Mon divin Cœur?

C'est le renoncement de toute volonté propre, afin de Me suivre dans le bonheur de M'être unie intimement, là où Je veux t'emmener.

Désires-tu cela?

Quand tu es fidèle, Jésus te donne Son Cœur entier. Etre fidèle à Jésus, c'est Le désirer de tout ton cœur. Renoncer à toute volonté propre, c'est acquiescer à l'Amour venu embraser ton cœur, c'est te laisser aimer de Dieu, dans la joie, et librement, amoureusement.

Crois-tu que Je te demande d'acquiescer aux ténèbres spirituelles qui t'entourent en ce moment, en te donnant ce sentiment que Je suis froid et lointain?

Eh bien non! Je ne te demande pas d'accepter avec joie ces épreuves que Je permets. Je sais que tu ne le peux pas.

Sache accepter l'Amour, autant que Je t'en donnerai la grâce; Je ne te demande que cela: le désir de ton Jésus et ta bonne volonté.

Crois-tu qu'il Me soit «facile» de Me cacher ainsi de toi qui Me désires tant?

Tu ne connais pas ton Dieu, enfant...

Je te donnerai Mon Amour qui resplendira en toi, et alors tu comprendras que J'aie dû te laisser sous de telles cruautés de l'ennemi.

Pour toi, J'ai mis tant de «bornes» à Mon Amour qui brûlait de Se déverser sur toi, que J'ai enduré douleur et tristesse... si fort. Mais Je l'ai fait en sachant que, la purification de ton âme achevée, tu Me donnerais ta consécration totale, sans aucune retenue, et qu'alors Je te donnerai tant de joie que tu oublieras tout de ces souffrances si aiguës que Je permets pour les préférés de Mon Sacré Cœur.

Jésus

Jeudi 15 février 1996

Jésus te dicte: en ces temps qui viennent, cette ère de souffrance et de lamentation devant le mal qui règne s'en ira, de même que la joie remplacera la douleur chez les âmes au cœur pur et aimant.

Pour que le mal «s'en aille» la terre doit être purifiée; de cette purification naîtra le cœur de chair, chez grand nombre d'âmes.

Ne vous troublez pas devant ces souffrances mais ayez foi que votre Dieu vous aime et veut votre bonheur. Faites-Lui confiance quoi qu'il arrive, et sachez bien que Jésus veille sur vous en chaque instant.

Vous n'êtes jamais abandonnés, même au plus fort de la tourmente; vous n'êtes jamais seuls, quelles que soient les ténèbres que vous traversez; ayez seulement foi que Je Suis est là, aimant vos âmes d'un Amour incompris mais combien tendre et miséricordieux.

Le temps de la purification est une trêve que Dieu donne au monde afin de lui faire connaître la paix et la joie ici-bas, et non la destruction vers laquelle voudrait l'entraîner Satan.

Il faut que vous soyez sûrs que Jésus vous purifie avec Amour, pour que vous connaissiez ici-bas le bonheur d'être enfant de Dieu.

Ne craignez donc pas, et que votre cœur sourie avec confiance à votre Jésus, qui n'attend que votre abandon total pour vous combler.

Jésus

Mercredi 6 mars 1996

Jésus le Christ te dicte: Mes bien-aimés, vous ne savez pas l'heure de Ma venue dans la Gloire, ici-bas. Mais vous pouvez voir les signes des temps, si vous prêtez l'oreille à votre cœur.

Dans votre cœur, Je parlerai et vous M'entendrez, si vous Me désirez.

En votre cœur, Je ferai des merveilles de grâces, si vous daignez vous abaisser devant Moi.

En peu de temps, Je fondrai vos cœurs afin qu'ils deviennent chair et roc; et ainsi Je vous préserverai du feu que l'ennemi (que vous avez appelé par vos péchés) fera tomber sur votre ère si dépourvue d'amour.

Lorsque vous serez anéantis dans la douleur de vous regarder si tristes et mauvais, alors vous Me demanderez pardon et Je vous ferai Miséricorde.

Cela sera le temps du repentir, et le ciel se réjouira de la moisson abondante...

Mais ensuite déferlera le tonnerre, et ceux qui, dépourvus d'amour et du désir de Dieu, auront préféré l'orgueil et la perfidie de Satan, ceux-là ne trouveront pas de paix tant la douleur les submergera.

Il faudra alors la Miséricorde de Dieu à travers Ses bien-aimés, pour tenter de chasser la douleur de ces âmes-là, car Je Me montrerai absent en ces jours de ténèbres. Seule la Lumière que J'aurai donnée au monde, à travers ces instruments que sont Mes âmes choisies, aura le don de réconforter et d'apaiser...

Ou serai-Je en ce temps si court et cependant si long pour ces âmes de péché?

Je serai dans le ciel et n'écouterai pas vos lamentations; Je serai loin et pourtant présent dans les âmes qui M'ont tout donné.

Et après, Je reviendrai, dans Ma gloire, et vous serrerai contre Mon divin Cœur, débordant de la joie de ne plus vous quitter.

Que ce message procure paix et espoir; espoir de la nouvelle Eglise que Je bâtirai sur des âmes saintes.

Alors le ciel se fondra avec la terre, et les âmes chanteront.

Je vous bénis et vous aime.

Jésus le Christ

Jeudi 7 mars 1996

Jésus le Christ te dicte: adore-Moi; donne-Moi tout de toi. Appartiens-Moi totalement, de corps et d'âme; ainsi Je te dévoilerai Mon Amour et te ferai fondre dans Sa douce chaleur.

Je réchaufferai ton âme et lui donnerai la joie que Je donne aux tout-petits: béatitude extrême de l'âme entrée dans le prodigieux Mystère de l'Amour.

Pour que Je puisse insuffler Ma Lumière divine à ton âme, source de complète extase chez ceux qui s'anéantissent totalement devant Moi, il Me faut ton accord qui est le désir de ton cœur.

Je t'aime si passionnément, Mon âme bien-aimée, que tu devrais Me suivre et oublier ce que tu es, ce que tu veux, et tout cela pour que Je t'emplisse des merveilles de Mon Amour.

A présent, il faut que tu délaisses le péché et Me donnes toute liberté pour te former à M'entendre et à M'écouter. Il faut que tu Me permettes de te purifier et de t'épouser.

O âmes de ce temps, si vous saviez la folie que l'Amour nourrit pour vous, vous vous élanceriez dans ce Cœur divin baigné de larmes dues au chagrin de vous voir Me déserter.

Emplissez vos chandelles de Lumière, maintenant que Je viens à vous dans Mon infinie Miséricorde, et ne croyez pas que Je désire vous punir, mais que Je veux vous donner le bonheur de la vie en Dieu.

Et à toi, Mon petit instrument que J'ai fait Mien avec cette rare délicatesse, élance-toi dans la joie de posséder ton Dieu de manière si forte et amoureuse, et accepte-Le, puisqu'Il se donne ainsi à toi qui n'es rien, qui ne mérites rien, mais qui Me désires tant.

Jésus le Christ

Vendredi 8 mars 1996

Jésus le Christ te dicte: Je t'ai choyée, aimée d'un Amour que Seul Dieu peut te donner, abandonnée à la force de Mon Esprit de Sainteté qui parfuma ton cœur noyé dans l'océan de Ma tendresse; oui, J'ai fait cela avec toi, aujourd'hui, objet de Ma passion…

Que ton cri d'amour vers Moi le Seul, l'Unique, Dieu le Père tout-puissant, soit toujours aussi fort et aussi passionné. Alors Je te chérirai, t'enlacerai, de Mon Bras puissant et amoureux.

Tu M'as dit: «mon Dieu, je voudrais être habitée de la joie que tu donnes à Tes préférés, ceux que Tu consacres éternellement à Ton service, et qui, malgré leurs souffrances, portent le paradis en leur cœur, rayonnants de la passion que Tu leur portes»…

Eh bien, Ma petite âme favorite qui a même ajouté: «Seigneur, donne-moi encore davantage Ta Présence divine qu'à ces saints déjà sur la terre», Je te répondrai:

De ta tristesse, Je ferai un océan de joie.

De tes craintes, Je ferai un océan de Miséricorde. De ta faim de Dieu, Je ferai Ma petite fleur sainte et pure.

De tes faiblesses, Je ferai le rayonnement éclatant de Mon Amour si tendre pour toi.

Je te consumerai, te rendrai parfaite, plus parfaite encore que les fleurs les plus agréables. Je ferai cela en toi, Moi, le Christ. Et tu vivras et Me serviras, dans l'adoration quasi constante de ton cœur.

Je t'aime à la folie, petite créature…

Raconte ce que nous avons fait, enfant… Je te guiderai…

Il y avait une bille d'enfant verte, sur ma table. Jésus m'a posé le doigt dessus en faisant bouger la bille et Il m'a dit:

«vois-tu: cette bille est comme la terre entre Mes Mains.» Je me suis rendu compte alors de Sa Puissance d'Amour et lui ai dit: «alors, Jésus, tu devrais prendre la bille, la passer sous l'eau pour la laver, la sécher avec le vent, et poser ton doigt d'Amour sur elle; ainsi nous serions au paradis.»

Alors Jésus a dit:

Cela, ce que tu as dit, Je le ferai...

Jésus le Christ

Samedi 9 mars 1996

Jésus le Christ te dicte: en ces jours où Ma Lumière t'est donnée, afin que tu vives et respires en Moi, Je te demande l'abandon définitif et total à Ma sainte volonté.

Je t'ai choisie pour être le réceptacle de Mon Amour; en le déversant sur toi, Je t'anéantirai dans une si vive obéissance que tu rachèteras ainsi pour le monde désobéissant et refusant l'Amour.

Mes coups portés contre toi ne seront que brûlure d'Amour, vive et intense, devant laquelle tu t'oublieras chaque jour davantage pour obéir à ton Dieu qui te veut heureuse et humble.

Je flagellerai tellement ton être entier par la joie intense que Je mettrai en toi, que tu ne sauras que t'humilier et te prosterner devant le Dieu trois fois Saint qui Se révélera ainsi en toi.

Ce faisant, tu rachèteras, et Je te bénirai.

Chaque fois que tu refuseras l'Amour que Je te donne, senti en toi comme béatitude extrême, Je serai là pour te rappeler que tu déshonores Mon Nom en refusant de racheter pour les pécheurs.

Oui, Mon enfant, Ma Présence divine sera révélée en les âmes qui M'aiment de cette «façon», à présent: Je les ploierai sous la joie intense de Me posséder au fond de leur cœur.

Certains te diront peut-être: «c'est facile, pour toi, à présent que tu ressens l'Amour sans cesse»... Et tu leur répondras: «c'est merveilleux et en même temps si dur... car notre être entier se refuse à croire que Dieu nous aime tant»...

Ta croix sera la haine que te porteront les âmes, si orgueilleuses qu'elles chassent l'Amour ouvertement, Me faisant paraître comme sourd à tout besoin spirituel d'être aimé et d'adorer. Ce seront les âmes sans cœur, dures, et fermées à la joie profonde et divine disant que «cela» n'existe pas ici-bas. Ceux-là Me lacèrent, enfant...

Endure Mes coups d'Amour pour eux, afin que le calice de l'Amour ne s'enflamme pas dans la colère en débordant, mais dans la joie en venant dans ton petit cœur si sensible.

A présent, nous nous séparons dans la joie, non pleinement car Je suis en toi et toi en Moi, mais, te privant de l'extase «débutante» en toi, afin de vaquer à nos occupations dans le monde.

Jésus le Christ

Dimanche 10 mars 1996

Jésus le Christ te dicte: quand le Sang de Mon Cœur divin rejaillit sur toi, dans Mon Amour si grand et si refusé, J'entends que tu l'acceptes entièrement, sans doute aucun.

Ton doute est orgueil car il est refus de Dieu et de la béatitude que Je te donne. Tu te permets de douter parce que Je te comble de Mon Amour: cela est orgueil, et Je serai impitoyable avec toi.

Je t'écraserai de Mon Amour si fort et si tendre, que tu M'as tant demandé et que tu te permets de refuser.

Je t'ai demandé de porter la goutte débordante de Mon Calice et tu as accepté. Ne l'as-tu fait?

Alors propage Mon Message afin que Je comble les âmes: Je te donne de Me porter en toi comme une Lumière resplendissante. Tu n'es capable de rien, mais la force de Mon Amour t'étreindra tant que tu ne saurais Me refuser quelque chose.

A présent, brûle du Feu permanent de l'Amour de tendresse qui se déverse sur toi et donne à tous ceux que Je mettrai sur ton chemin d'apprendre à connaître ce que Je Suis: Amour divin et infini, merveilleux et source de béatitude extrême pour ceux qui accepteront, qui daigneront abaisser leur orgueil démesuré.

Et à présent, offre-Moi ce que J'ai toujours désiré de toi: que tu sois une fleur docile, humble, amoureuse, belle et pure parce que tout entière vouée à son Dieu.

Je t'aime et te bénis. Aime-Moi et bénis-Moi.

Jésus le Christ

Lundi 11 mars 1996

Jésus le Christ te dicte: J'ai donné aux hommes un corps de chair pour engendrer et créer de petits êtres bénis de Dieu. J'ai créé l'homme et la femme pour qu'ils s'aiment et s'unissent devant Moi, le Dieu trois fois Saint, dans la *pureté.*

J'ai fait cela car cela était bon. En s'unissant sous Mon regard, dans la pureté de l'âme, les époux ressentiraient la joie intense de l'amour, prélude à l'extase divine, dans le sens où cette jouissance donnée aux hommes par Dieu est un «peu» de l'Amour révélé dans le ciel.

Pour cela, le don total de l'époux à l'épouse est saint, lorsque l'âme vit en Moi me respectant et M'honorant. Il est donc bon que les conjoints s'acceptent mutuellement dans la joie qui leur sera donnée aussi profonde que leur amour.

Ce que Dieu a donné, dans l'acte conjugal, l'homme ne doit pas le détourner sous la tentation du démon à des fins éloignées du regard de Dieu et donc vicieuses, égoïstes et souillées.

Tout ce qui est accompli en vérité dans le don des corps devant Moi, en soutenant Mon regard, est saint. Tout ce qui est accompli dans la chair en se cachant de Moi, en M'ignorant, en Me rejetant est laid et infâme.

Pourquoi te dis-Je cela à toi, Ma petite âme? Pour que tu divulgues Mon message et attendrisses ainsi les cœurs.

Sache aussi que l'âme qui Me fait don de sa virginité totale, de corps et de cœur, s'expose à un embrasement beaucoup plus plénier de son être entier, car Dieu ne saurait Se refuser dans Son essence à ceux qui se donnent à Lui sans compter, dans l'obéissance la plus grande.

Peu d'âmes connaissent — dans les hommes ou femmes qui se consacrent totalement à Moi — la brûlure de Mon Amour au plus profond de leur être, car ils se donnent partiellement, se refusant bien souvent à Ma joie, par leur orgueil raisonnable qui ne saurait accepter humblement que Je Me donne à eux, les ravissant et les emportant dans Mon Cœur divin.

Prends maintenant le don que Je t'offre, et qui est de ressentir l'Amour brûlant de ton Dieu, cela sans douter, quoi que Je te donne, car la joie et la paix de ton âme allant, par Ma bonté extrême, jusqu'à la «béatitude» de ton corps, ne sauraient t'être données par le démon.

Apaise donc tes craintes et laisse-Moi libre de toi, Moi qui Suis Père,
Fils,
et Saint-Esprit.

Je te bénis.

Jésus

Mercredi 13 mars 1996

Jésus le Christ te dicte: dans quelque temps, Je ferai Justice. Je viendrai consoler les assoiffés et nourrir les cœurs purs. Je serrerai contre Moi ceux qui Me sont fidèles et chasserai les intrus. D'ici peu, Mon tonnerre grondera et Je viendrai sur les nuées, et chaque œil Me verra.

Ce sera le soulagement de grands maux, et le début d'une ère nouvelle, de paix et d'Amour. Les grands et les petits s'aimeront d'un amour pur et désintéressé, au sein de Mon Cœur divin.

Il ne faut pas que l'orage vous surprenne et que vous soyez dans l'ignorance de ce qui va arriver. C'est pourquoi Je vous dis: ouvrez les yeux et veillez, car voici que Je viens.

Vous ne croyez pas que ce temps approche pour vous, hommes de ce siècle, et pourtant il est très près de vous. Certains le connaîtront, et demeureront dans la stupéfaction, parmi vous...

Je M'en vais vous apporter nourriture et rafraîchissements, que vous avez repoussés dans votre obscurcissement si grand. Je vous ouvrirai les yeux et vous verrez...

L'ignominie de vos cœurs, vous la verrez telle que Je vous la montrerai; et vous geindrez, supplierez, et Je serai sourd...

Mais Je vous laisserai Mes prophètes, ceux que vous aurez repoussés et qui alors vous pardonneront et vous consoleront Et alors Je vous pardonnerai et vous consolerai.

Bien-aimée de Mon Sacré Cœur, enfant de Ma Passion, voici que tu réconforteras et soigneras, comme Je l'ai toujours désiré de toi, en te créant, en te nourrissant, en te dévoilant ce Cœur si passionné par toi et par les hommes… de bonne volonté.

Je te bénis.

Jésus le Christ

Jeudi 14 mars 1996

Jésus le Christ te dicte: alors que tu ne savais ni lire ni écrire, J'ai fait de toi l'objet de Mon choix, en la mission que Je te confie à présent. Alors que tu ne M'appartenais pas encore, Je savais que Je te ferais Mienne.

Comment ai-Je pu attendre tout ce temps pour venir te visiter, toi que Je chérissais d'un Amour si fort dans sa prédilection… Je ne sais… et pourtant Je le sais…

(Il faut que Je te donne des oreilles pour M'entendre, enfant…)

Quand Je te dis tout cela, J'ai en vue de t'expliquer combien Je choyais ton âme d'enfant, dans Mon Cœur divin. Tu ne le savais pas, et pourtant J'étais là, te regardant avec lassitude parfois, devant la faiblesse et la souffrance de ton cœur.

Je n'ai jamais cessé de t'aimer, si tendrement que ton cœur fondrait si Je te donnais de ressentir cet Amour que J'avais pour toi…

Je te désirais si fort… et toi tu courais çà et là, Me cherchant sans Me trouver tant tu étais faible…

J'ai décidé alors que Je t'élèverais à Moi pour te couvrir de Ma tendresse, objet de Ma Passion, et Je l'ai fait...

Car Je ne pouvais te laisser désirer aussi fort l'Amour et ne pas le rencontrer...

De même Je ferai avec ceux qui auront le cœur éperdu de Moi, Dieu fait homme, l'Amour, Saint et Sacré.

Dans quelque temps, le cœur de pierre se fendra, en de nombreuses âmes, et Je viendrai les choyer, de cet Amour particulier que J'ai pour chacun...

Avant ce temps, diffuse et propage Mon Message comme Je l'entends, toi, la préférée de Mon Sacré Cœur, Mon rien tant aimé et tant élevé...

Oui, Je t'élèverai, dans ton humanité, alors que Je t'abaisserai, dans ton cœur, afin qu'il soit si humble que Je puisse l'emplir à outrance...

Je ferai cela, Moi, le Christ Jésus, et tu sauras que l'homme est ce que Dieu désire qu'il soit, au sein du monde, lorsqu'il Lui appartient.

Je suis ton Dieu et tu Me serviras. Je te bénis. Va.

Jésus le Christ

Samedi 16 mars 1996

Jésus le Christ te dicte: Je désire ici te parler de la pudeur que l'homme devrait avoir, dans son cœur et dans sa chair.

Quand Adam et Eve étaient purs, ils évoluaient dans leur nudité devant Moi, le Dieu de tout ce qui est, et cela était saint car leur cœur épris de l'amour pur et sensible ne péchait pas. Ils se tenaient ouvertement et respectueusement devant Moi, et s'entretenaient avec Moi sans crainte.

Ce n'est que lorsque le péché entra en eux, avec le désir de l'orgueil, que Je fus contraint de les chasser du paradis terrestre, de les vêtir, de les laisser chercher leur nourriture et leur enlever l'intimité joyeuse qui existait entre nous.

Maintenant les hommes ont tellement accepté le péché, que ce qui faisait la honte d'Adam et d'Eve, est devenu la joie des cœurs obscurcis et souillés.

Si vous ne retrouvez pas la pureté des corps en vous cachant humblement, en n'étant pas attirés par la chair et ce qui la met en valeur en veillant sur vos gestes et vos regards, vous ne pourrez être saints et retrouver la dignité de vos premiers parents.

Si vos cœurs étaient avides de pureté, de Moi, le Christ Jésus, alors la tentation de la chair ne serait plus en vous, car Je vous donnerais la grâce de M'appartenir à nouveau.

Si votre cœur n'est pas transparent, parce que vous n'avez rien à Me cacher, c'est parce qu'il ne désire pas complètement la pureté.

Si vous avez besoin d'habiller vos visages, de choses qui ne sont pas saines devant Moi parce que c'est votre désir de paraître; si vous avez besoin de vous vêtir autrement qu'humblement et discrètement, pauvrement, alors la pureté n'est pas en vous et vous n'êtes pas transparents devant Moi.

Il faudra que vous retourniez à l'état de pureté et d'innocence de vos premiers parents, pour que Je vous garde dans la joie auprès de Moi. Je rendrai la pureté du corps à ceux qui le désireront, car Dieu donne toujours la grâce.

Joseph n'a jamais été tenté dans sa chair: Moi, le Dieu trois fois saint, le dis ouvertement, car Mon père adoptif était juste et pur, et le cœur pur reçoit toujours la grâce. Joseph n'a jamais eu ni le regard ni la tentation de posséder une femme dans la chair; et pourtant il se maria, oui, car il écoutait l'Esprit de Dieu en lui; mais sa pureté de cœur ayant gardé celle de son corps — il ne pouvait en être autrement car il aurait fait offense à la toute pure, Marie —, il fut préservé de ce qui est impur et souillé à Mes yeux.

En ces temps qui viennent, Je rendrai la pureté et l'innocence à ceux qui se prosterneront devant Moi, demandant pardon pour tant d'avilissement de votre chair, librement accepté. Alors la joie sera dans l'être tout entier, car il recouvrira le bonheur d'être enfant de Dieu, dans la transparence.

Je ferai cela afin de vous sauver, et vous ne croirez plus alors que l'homme «est tenté dans sa chair tout au long de sa vie»: cela est aberration, car Dieu désire la pureté et donne la grâce, toujours.

Si des hommes déjà proches de Moi ont encore connu la tentation de la chair, il faut voir là que leur cœur ne connaissait pas encore le désir *profond* de la pureté de corps. C'est tout; car lorsque l'homme le désire, la tentation est vaincue en lui par la grâce de Dieu.

Moi, le Christ Jésus, ai écrit cela.

Je te bénis, Ma petite enfant à laquelle j'ai donné la grâce de la pureté. Va, et aime-Moi de cet amour d'enfant que Je bénis.

Jésus le Christ

Mardi 19 mars 1996

Jésus le Christ te dicte: Je te demande d'obéir à ma Sainte volonté en tout instant. Je t'ai préparée avec Amour à ce vœu d'obéissance que tu M'as offert. L'obéissance à Mon divin Cœur t'apportera Ma Lumière et te donnera des ailes de joie pour que Je t'emmène là où Je le désire.

Je t'aime si fort que Je te donnerai l'obéissance la plus vive, et cela parce que Je veux te donner le «paradis» dans ton cœur.

Dans l'obéissance, tu trouveras la joie de Me connaître encore plus intimement. Tu percevras les battements de Mon Cœur divin pour toi, et tu feras ainsi la volonté de Mon Père qui t'a donnée à Moi pour Me servir et M'adorer.

Crois que la grâce de Dieu sera en toi, enfant, et cela au long de ta vie éternelle.

Crois que J'ai fait des merveilles en toi, pour te donner d'être unie si intimement à Moi, le Christ Jésus.

Si Je te demande quelque chose, accomplis-le dans la joie que Je te donnerai, et qui est de te sentir en Moi, dans la confiance la plus totale. Essaie de Me réjouir en ne Me privant jamais de ton âme d'enfant si «concrète» et si simple que Je Me délecte en elle.

Ne raisonne pas; ne fais pas comme les grands de ce monde qui ne savent que calculer et réfléchir. (S'ils écoutaient leur cœur, ils ne seraient pas dans l'orgueil de croire que leur raison est vérité, car ils sauraient alors que le démon est beaucoup plus intelligent qu'eux et que sa perfidie entre librement en eux parce que leur cœur est comme mort.)

Toi, que J'ai privilégiée ainsi, ne te donnant aucun enseignement doctrinal en apparence, J'ai comblé ton cœur de vérité, parce que Je Me suis adressé à lui, et non à ton esprit d'intelligence humaine.

Rends-Moi tout ce que Je t'ai donné, en M'adorant, en Me laissant te choyer et te donner cet Amour tant refusé.

Que Je t'aime, Mon enfant si petite…

Annonce au monde que Je désire le combler de Ma tendresse si grande…

(Comment? En M'obéissant! Je ferai tout; Je te le promets!)

Je te bénis.

Jésus le Christ

Dimanche 24 mars 1996

Jésus le Christ te dicte: fais de ton mieux pour t'abandonner à la tendresse si grande que Je désire te donner, en chaque instant. Sois-Moi fidèle en tout ce que Je te demande. Ne Me précède pas, ne M'attarde pas, par des raisonnements humains qui M'empêchent de te donner les grâces immenses dont Je veux te combler.

Sois ouverte à la volonté divine qui est source de joie et de paix profondes. Sois aussi dénuée de capacités que le nouveau-né, en ton esprit d'intelligence, mais sois aussi accueillante que lui à l'Amour.

Fais-Moi plaisir en te livrant à Ma tendresse comme un bébé — oui, vraiment — ignorant de tout, mais ouvert, dilaté, dans son cœur.

Sois certaine, au plus profond dc ton cœur, que Je te désire «au désert», sans connaissance, sans aucune compagnie, livrée totalement à l'Esprit de Dieu, que Je Suis.

Et si Je ne peux t'offrir ce désert «terrestre» — au milieu des dunes de sable —, Je peux cependant te l'offrir dans ton cœur, afin que nous soyons seuls, toi et Moi, loin du monde et de tout mal et pourtant dans le monde.

Je te bénis de Me désirer autant; si Ma volonté pour toi est ton plus cher désir, Je te donnerai ce désert de ton cœur où nous serons l'Esprit Saint et toi, unis dans la tendresse si grande que Je te porte.

Enfant, livre Mon Message dans les cœurs; oui, vraiment, il est temps maintenant. Je t'ouvrirai les portes et tu donneras sans compter, comme Je l'ai fait, Moi, ton Dieu.

Je te bénis.

Jésus le Christ

Jeudi 28 mars 1996

Jésus le Christ te dicte: «la Vérité».

Dans la vie de Jésus le Christ — que Je suis — sur la terre, il n'y avait que vérité: pas un regard, pas un mot, pas une pensée loin d'elle n'étaient. Je suis la Vérité, et tout homme qui se veut Mien doit Me demander la grâce d'être véridique, honnête, loyal devant Moi qui vois et sais tout.

Ecoute-Moi à présent: tout homme a le devoir de se mettre sous Mon regard, en chaque instant de sa vie. Chaque âme doit se regarder parler, penser, voir, agir, devant Moi.

Me «vendre» est un péché: Me vendre, c'est parler de Moi à des âmes pour se faire plaisir, pour se mettre en valeur, sans avoir écouté l'Esprit Saint auparavant pour que Je guide votre âme. Me «vendre», c'est Me trahir par des paroles que vous prononcez à Mon sujet, sans vous mettre sous Mon regard, car alors vous vous tairiez bien souvent. C'est vouloir Me posséder, dans votre esprit humain, aux yeux des autres, alors que vous n'êtes pas unis à Moi, le Christ.

Si vous Me regardiez, bien souvent, lorsque vous Me «donnez» en paroles, vous abaisseriez les yeux et vous vous tairiez.

Vous êtes en dehors de la Vérité, lorsque vous acquiescez à votre volonté d'enseigner, alors que vous n'êtes pas unis à Moi, le Christ Jésus; vous dites que vous avez le désir de bien faire, de consoler, et cela est cacher votre orgueil de vouloir vous satisfaire.

Si vous étiez humbles, désirant la Vérité, alors vous attendriez que Je vous enseigne, avant de chercher à Me donner, et alors vous n'appelleriez pas Satan qui vous obscurcit et vous enténèbre. Vous appelleriez l'Esprit Saint, et chaque parole que vous prononcez serait sous Mon regard.

Alors, vous vous tairiez lorsque Je le désire et ce que Je ne désire pas entendre de votre bouche ne serait pas.

La Vérité, elle est en Mon Cœur divin, prête à se donner à qui veut bien la transparence, c'est-à-dire se sentir traversé par Mon regard: alors, Je vous purifie et vous donne ce que Je suis.

Vous avez tôt fait de M'oublier, lorsque vous Me donnez si mal aux hommes: si vous n'êtes pas en Ma Présence, taisez-vous donc, car votre orgueil M'offense. Et alors Je viendrai, dans votre silence, vous pardonnerai et vous entourerai de Mon bras d'Amour qui vous est si nécessaire, car Je vous aime et vous veux heureux.

Que la vérité soit en vous, non parce que vous vous l'appropriez: vous ne le pouvez pas, mais parce que vous vous abandonnez à Ma volonté, et Me la demandez alors avec votre cœur.

Je vous bénis.

Jésus le Christ

Vendredi 29 mars 1996

Jésus le Christ te dicte: sois une avec Moi... Sois une dans la transparence de ton être entier. Sois totalement sous Mon regard, en tout instant, quoi que tu fasses, dises, ou penses.

Sois obéissante et J'intensifierai Ma présence, afin que tu vives dans l'allégresse de Me posséder aussi profondément.

...Je te bénis, Mon enfant...

Sois Mon petit enfant que Je rends aussi libre que l'air devant Moi, parce qu'il est obéissant et pur, ce qui lui donne la transparence...

Sois ce que Je désire que tu sois: Me ressemblant; une fleur à Mon image, et ce, jusque dans les traits de ton corps.

Parviens à l'humilité totale du tout-petit qui se laisse posséder entièrement par son Dieu, dans la joie, car Dieu ne sait que donner la joie, lorsque l'âme accepte Sa volonté.

Que la pureté que Je te donne soit le parfum que tu offres à ton Créateur, et qu'ainsi tu Le consoles de tant de vice en ce monde.

Donne-Moi ton âme avec ton cœur et ton corps, laisse-Moi te modeler délicatement, soigneusement, et alors tu Me ressembleras, et Mon règne glorieux sera en toi.

Va, petite âme, annonce au monde combien Je désire le combler, afin que les ténèbres s'en aillent et qu'il voie le jour nouveau de l'arrivée de Mon Cœur Sacré dans le sien.

Propage Mon Message comme Je te le dirai; œuvre et avance, Mon enfant.

De cette terre purifiée sortira la gloire de Dieu.

Prépare les âmes à cette purification afin qu'elles l'acceptent dans la joie de savoir de quel bonheur Je vais les inonder.

Quant à toi, que J'ai déjà mise au pied de la Croix, reçois Mon Cœur divin et Sacré, toi qui as tant porté depuis ces deux années, et qui maintenant vas Me servir dans la béatitude quasi constante, quoi que Je te donne de porter; oui, tu porteras maintenant la Croix de ton Maître, dans les outrages que tu recevras pour Moi, mais la petite fleur de Jésus passera souriante au milieu de tant de haine, tant elle sera unie à Moi, le Christ Jésus.

Je t'aime et te bénis amoureusement.

Jésus le Christ

Mercredi 3 avril 1996

Jésus le Christ te dicte: abandonne-toi entre Mes Mains et cesse de raisonner, de réfléchir; sois toute à Moi, Ma petite âme que Je bénis.

Il faut que Je Me manifeste à toi, Mon enfant, afin de laisser les Bras de Mon Père retomber doucement sur ce monde et non en le châtiant comme il le mérite.

Mon Cœur divin est tellement épris de toi, que Je te donnerai de porter les offenses que l'homme Me fait: ces outrages s'adresseront à toi et tu les ressentiras à la manière dont Je les ressens; pardonne et aime en étant sûre que Je suis avec toi et que ces offenses Me sont destinées.

Cette grâce que Je te donne, de partager ainsi Ma Coupe, Je te la donne dans l'immense Amour que J'ai pour toi: Je partage avec toi, non parce que Je veux que tu souffres mais parce que Je veux que tu ressentes ce que J'ai ressenti et ce que Je ressens encore.

Je te donnerai le zèle pour Me servir et la fermeté devant les démons que tu verras devant toi, dans ces hommes qui disent M'aimer et Me renient. Je te donnerai de t'exprimer dans la Vérité, que Je suis, et ce, quelles que soient les réactions orgueilleuses des hommes. Je ne te laisserai pas Me trahir: de même que J'ai obéi au Père en tout ce que J'accomplissais sur la terre, sans craindre les hommes, de la même manière Je te laisserai parler ici-bas, sans craindre aucun esprit, aucun homme. Je garderai ta langue et ce que tu diras au moment où tu le diras (l'Esprit Saint parlera en toi), Je le bénirai, Moi, le Dieu trois fois saint.

Que rien ne te trouble, Mon enfant, ni ne t'enlève la paix que Je te donne. Ne te révolte pas de l'incompréhension des hommes, mais aide-les à entrouvrir les yeux.

Je te donne Mon Amour, afin que tu portes Ma Croix ainsi; Je te destine plus de tendresse qu'à toute âme de ce monde, alors obéis à ton Dieu qui te veut aussi proche de Lui ainsi.

Es-tu prête à recevoir Mon Amour de prédilection avec les outrages qui également accompagneront Mon règne dans ton cœur?

Je te bénis.

Jésus le Christ

Dimanche 21 avril 1996

Jésus le Christ te dicte: croire et voir.

Je désire t'expliquer aujourd'hui de quel Amour Je t'aime. Je te semble las lorsque tu souffres de manquer de Ma Présence, et Je le suis. Ce n'est pas parce que tu M'offenses ou Me déplais, que Je suis las; c'est parce que tu crois que Je ne t'aime plus aussi amoureusement en ces moments où Je te semble loin.

Ton cœur refuse de croire que Je peux «l'éloigner» de Moi; lorsque tu te sens loin et abandonnée, ton cœur souffre et ne comprend pas.

Pourtant, tu M'as obéi, en cette dernière épreuve: tu as essayé de ne pas te condamner, de t'aimer pour Moi, le Christ Jésus, et de calmer ton cœur.

Or, Je t'ai dit: obéis et Je t'exaucerai. Je te bénis de M'avoir obéi de ton mieux: Je t'ai aidée, oui…

Eh bien, lorsque l'âme désire la grâce de faire Ma volonté, Je la lui donne; lorsque l'âme cherche à M'adorer en premier lieu, Je la comble.

Crois et tu verras, et tu vivras. Obéis toujours à ton Jésus, avec la grâce si grande que Je t'ai donnée de Me désirer aussi fort.

Sais-tu combien Je suis heureux lorsque ton âme Me demande si fort de M'adorer en tout instant? Et sais-tu combien Je suis triste lorsque ton cœur saigne de ne pas Me ressentir autant, alors qu'il voudrait adorer son Dieu et vivre en Lui?

Tu ne Me dis plus: «mais alors, Jésus, pourquoi cette épreuve…?» Non tu ne le dis plus, car ton cœur est déjà fondu dans le Mien et sait que Je l'exaucerai vraiment, car cela est «obligé» (pour utiliser ton langage).

Eh bien oui, Je te comblerai car ton seul désir est de M'adorer, Moi, le Christ Jésus, et c'est aussi Ma volonté pour toi.

Enfin tu comprends que l'on adore Dieu lorsqu'on Le perçoit et que ce n'est pas un amour esseulé et triste que Je demande. Enfin tu obéis et comprends alors que l'Amour que tu Me réclames si fort, c'est de me connaître et de M'adorer. Je ne peux te refuser ce que tu demandes si fort…

Qu'il t'a fallu de temps, enfant, pour comprendre que le démon avait fait vœu de te perdre en te faisant croire que Je n'exaucerais pas ton cœur!…

Mais pour tout ce que nous avons souffert, Je triompherai de toi entièrement, te faisant reine de Ma tendresse pour le monde…

(Pourquoi reine?!! Parce que la reine porte le pain aux enfants vers lesquels *Dieu* l'envoie: elle les aide et leur donne ses richesses. Ta richesse sera Ma tendresse…)

Et si tu doutes encore en Me disant: «il n'y a que Marie qui soit reine», et en Me disant aussi que Je ne devrais pas employer ce mot pour toi, Je te dis: Gloire à Jésus le Christ, le Fils de Dieu et de Marie, que Je suis; Marie est la seule reine de l'univers, et cependant Je peux avoir sur la terre de petits anges, de petits rois et de petites reines, qui ont fait vœu de Me servir et de M'aider à nourrir le monde, non?

Alors, «si Je veux» cela est bien: cela est Mon désir. Ne crains plus, petite âme chérie de ton Dieu: crois et vis. Obéis et vois, et vis. Ton Dieu sait par où te mener.

Vois combien Je t'aime à présent, de Me désirer si fort, de M'honorer ainsi en ne Me laissant pas un instant — presque — sans M'appeler avec ton cœur.

Si Ma volonté est que tu nourrisses le monde avec ce que Je te donne, enfant, c'est que l'amour que Je te donne d'avoir pour Moi est démesuré.

Je t'aime, Ma petite enfant si solide à présent… D'ici peu, tu te réjouiras, car tu auras vaincu définitivement celui qui te fait croire que Je ne veux pas que tu M'adores en tout instant…

Adore-Moi donc sans Me craindre car Je t'aime amoureusement en chaque instant qui passe; obéis: crois et tu verras et vivras.

Sois le petit chérubin de Jésus et de Marie: sens-toi «fière» d'être aimée et comblée à ce point, et œuvre, enfant…

Je te bénis.

Jésus le Christ

Mercredi 8 mai 1996

Jésus le Christ te dicte: il Me faudra brûler le cœur de ceux qui disent Me servir, au sein de cette basilique dédiée à Mon Sacré Cœur, pour que l'on m'écoute enfin et Me respecte.[1]

Je renverserai les montagnes qui se dressent contre toi, Mon petit enfant choisi, dans cette mission que Je te confie au sein de «Prière et Pénitence». Le démon est acharné contre toi

1. Allusion à un Message privé dans lequel Jésus se plaint du refus de diffuser ces paroles au sein de la Basilique de Montmartre.

et développe sa traîtrise en t'empêchant — croit-il — de révéler Mon message; mais il ne peut rien si tu es fidèle et confiante: son affolement devant la tendresse que Je destine au monde ne pourra jamais empêcher Ma mission pour toi.

Laisse-le donc affoler les siens pour te troubler et te faire croire que ta mission est perdue d'avance: Je te promets que Dieu arrive à Ses fins, toujours; peu importe si le démon agite la basilique en essayant de chasser Mes bien-aimés: il ne vaincra pas.

Alors, fais-Moi plaisir et reprends courage: la mission que Je te confie sera...

Je te bénis et Je bénis le père qui te guide et M'a accepté dans son cœur: Je bénis son humilité et le service qu'Il Me rend.

Jésus le Christ

Samedi 18 mai 1996

Jésus le Christ te dicte: si l'homme décidait de trouver la joie, le bonheur en Moi, le Christ Jésus, il le trouverait... «forcément», car Je suis la source de toute vie de l'âme, toute joie profonde et durable.

Mais peu d'hommes espèrent autant de Moi: peu d'hommes privilégient le cœur et l'amour et peu quémandent la joie de la vie en Dieu.

Or, c'est ce que Je désire donner, à présent de façon prodigieuse: la grâce de Me contempler en M'adorant, la grâce de ne jamais Me perdre, la grâce de la joie éternelle — parce qu'elle ne s'en va jamais.

Pourquoi les hommes ne mendient-ils pas Mon Amour comme Je mendie le leur? Je leur donnerais à profusion, s'ils l'osaient. Mais, par orgueil, par manque d'amour, ils ne demandent pas; ils croient qu'il leur faut vivre avec un Dieu qui refuse de Se faire connaître à leur cœur…

Je leur annoncerai par ta bouche que Je viens les embraser de Mon Feu divin, que Je viens les faire Miens, que Je viens leur prêcher de demander Ma joie, qui leur sera donnée, à tous ceux qui désirent M'adorer, Moi, le Dieu de tout ce qui est.

Ce sont les hommes de ces derniers siècles qui ont anéanti Mon Cœur, Me faisant «paraître» comme un Dieu sourd et muet. Cela, Je ne le tolérerai plus bien longtemps; l'on saura bientôt que Dieu a un Cœur et qu'Il chérit Ses enfants aussi «concrètement» et aussi fort — et davantage encore — qu'une maman.

Pourquoi avez-vous fait de Mon Cœur divin et humain un cœur si froid et si dur? Comment avez-vous pu éloigner ainsi tant de Mes enfants en leur faisant croire que Je ne pourrais répondre à leur besoin d'Amour?

Quelle religion prêchez-vous, vous qui vous dites catholiques et qui pratiquez une religion dénuée d'amour: votre religion et non la Mienne? Vous dites qu'il «faut» aimer, qu'il «faut» donner et offrir, et aider… mais tout cela, vous le faites sans Moi, sans Me regarder dans le silence, sans vous demander si vous M'aimez vraiment amoureusement, comme des enfants… Vous M'asphyxiez sous des flots de paroles, de décisions, d'actes qui vous concernent et ne Me concernent pas parce que vous n'êtes pas unis à Moi Jésus-Christ, en les exécutant…

Que me faites-vous encore? Vous rendez les agneaux que Je vous donne esseulés et tristes, vous, âmes qui M'êtes consacrées, car vous refusez de vous ouvrir à Ma grâce et de leur donner ainsi l'espérance de la vraie vie en Dieu, qui apporte joie et sérénité malgré les épreuves.

Vous ne croyez pas que Je donne la joie parce que vous ne l'avez pas «expérimentée»: comme vous n'êtes pas humbles, Mon Amour ne peut entrer en vous et alors vous ne connaissez pas Ma joie, joie de l'union intime et amoureuse avec le Christ que Je suis — Jésus —. Si vous Me connaissiez, votre visage serait illuminé de joie et vos paroles seraient de «feu»: feu de l'Esprit Saint qui embraserait votre cœur...

Mais vous Me condamnez au silence, par votre orgueil, en prétendant que les sentiments d'amour ne sont pas bons ou juste «un peu pour les débutants».

Or, Je vous dis, Moi, Jésus-Christ: si vous ne décidez pas de changer vos cœurs en demandant Mon pardon, vous ne connaîtrez pas la vie éternelle: vous serez livrés aux lions qui vous entourent parce que vous les écoutez — les démons — et ils vous dévoreront.

Revenez donc à Moi et essayez de M'être fidèles, en ne disant pas que Je suis loin et inabordable: parlez de Ma tendresse aux âmes et dites-leur que Ma Miséricorde déborde et que Je veux donner la joie; dites-le Je vous en prie: votre Dieu vous en supplie.

(Et maintenant, Mon âme d'enfant bien-aimée, écoute-Moi en privé — toi et Moi. Je te bénis d'avoir accueilli Mon message. Viens.)

Jésus le Christ

Samedi 25 mai 1996

Jésus le Christ te dicte: Je te dicte au sujet de l'Eglise, Mon Eglise, et de la tenue des chrétiens dans les églises...

Vois-tu… il t'a été donné de connaître que certains festoient dans les églises, chantent ou s'amusent, en ce lieu que Je considère comme saint parce qu'il est Ma demeure… et cela t'a déplu, parce que ton cœur est dans le Mien, et qu'il comprend Ma souffrance…

Tu as dit, cette autre fois, à qui te disait: «mais Dieu est bon, et il veut bien que les chrétiens se réunissent pour la fête dans les églises»; Je cite ce que tu as dit: «mais Dieu est saint, et c'est L'offenser que de venir manger et chanter dans ce lieu de prière où Il est.» Alors, Je t'ai bénie de désirer ainsi la gloire de Dieu et la vérité dans les cœurs.

Oui, cela M'offense et Me blesse, lorsque les âmes viennent, chrétiennes ou non, festoyer pour elles-mêmes dans les églises, sans M'honorer d'un regard, sans comprendre que l'église est un lieu saint que J'habite par Ma Présence eucharistique et aussi spirituelle (même si Je ne suis pas dans le tabernacle)…

Cela Me fait peine de voir à quel point les esprits sont enténébrés librement, parce qu'ils ne Me désirent pas.

Mes églises sont des lieux saints, dédiés à la gloire de Dieu et destinés aux rencontres de l'âme avec Moi; elles sont lieux de prière et d'adoration, et non de fête entre les hommes qui sont loin de Moi.

Ma pauvre enfant, tu ne sais combien ton Dieu souffre de l'irrespect des hommes, qui les prive de la grâce divine parce qu'ils ne veulent pas entendre…

Défends la vérité, enfant…, et tu seras haïe comme l'a été ton Dieu, parce que les ténèbres haïssent la Lumière, mais ne crains rien: ton Jésus te défendra contre tout et contre tous.

Dénonce le mensonge et n'aie pas peur: personne ne portera la main sur toi, Je te le promets.

«Quc sortira-t-il de la vérité que je dois dire», te dis-tu? Eh bien Je te réponds: des conversions massives d'âmes qui reviendront au Christ Jésus que Je suis... Peu importent les haines, enfant, si tu aimes et annonces la vérité: tu Me serviras et ton amour et ton obéissance Me permettront d'ouvrir les cœurs de ceux-mêmes qui te haïssent.

Si parfois tu entends des «choses» qui blessent ton cœur, comprends qu'elles blessent le Mien et que Je partage avec toi, parce que ton cœur est dans Mon Sacré Cœur.

Et lorsque tu ressens la joie et la brûlure de l'Amour, sache que Je partage tout avec toi, car tu es la bien-aimée de Mon Cœur divin et amoureux qui ne te fera jamais défaut.

Je te bénis. Défends ton Dieu, enfant, en terrassant le mensonge et le mal par la vérité et l'amour.

Jésus-Christ

Lundi 3 juin 1996

Jésus le Christ te dicte: sens Ma douleur, peuple choisi de France, et comprends combien tu offenses ton Dieu.

Que ce soit vers Moi que tu tournes ton regard, à présent, afin d'implorer Mon pardon pour tant de méfaits que tu as commis.

Mon peuple, Je t'ai donné une reine, Marie Ma sainte Mère, et toi, tu l'as écartée et t'es éloigné de Moi.

Mais Marie garde ses enfants de France; elle les sauvera et Me les ramènera.

Ouvrez vos yeux, enfants, et voyez comment Marie sillonne déjà la France afin de venir vous chercher et vous ramener tendrement, vers la Lumière.

Dans peu de jours, Je serai à nouveau parmi vous: Je vous illuminerai de Ma radieuse Présence, et pénétrerai dans vos cœurs préparés par Ma Mère bien-aimée. D'ici peu, vous saurez alors qui Je Suis et combien vous M'avez fait mal, vous qui avez repoussé votre Maman céleste.

Le royaume de Jésus viendra par Marie: J'ai choisi votre pays pour rechristianiser le monde, en le sanctifiant, en vous sanctifiant.

Marie ne laisse jamais ses enfants; c'est pourquoi elle vient parmi vous aujourd'hui — les vierges pèlerines —, déversant ses grâces sans nombre et attendrissant vos cœurs.

Mais J'ai besoin de votre regard d'amour, de l'éveil de votre cœur, et cela, afin de vous purifier, de vous montrer combien Je vous aime. J'ai besoin que vous compreniez combien vous M'offensez journellement, vous vautrant dans la boue du péché et sombrant à l'état de larves esclaves de Satan.

Vous ignorez tout de Satan, car vous croyez encore qu'il n'existe pas; eh bien, Je vous dis, Moi, le Christ Jésus: Satan est caché auprès de vous, prêt à sauter sur votre faiblesse à chaque instant; il est esprit et esprit de mal: il veut détruire vos cœurs et vos corps en vous amenant vers la souffrance éternelle.

Ouvrez donc vos yeux et comprenez que Dieu ne donne pas la souffrance et que c'est seulement votre inclination pour le mal, votre refus de Dieu, qui vous font recevoir tant de douleurs.

Revenez à Moi, Me demandant pardon de tant de méchanceté à Mon égard: Je vous pardonnerai, vous serrerai contre Mon Sacré Cœur, vous délivrerai du mal qui vous tient prisonniers.

Je veux que la France connaisse la tendresse de son Dieu; pour cela, faites-vous tout-petits, pendant qu'il est encore temps…

Je vous aime et vous bénis, vous qui accueillez Mon Message.

Je sauverai la France, après l'avoir purifiée; elle Me servira et M'adorera.

Jésus le Christ

Mercredi 5 juin 1996

Jésus le Christ te dicte: cela est Mon message pour la France, à nouveau; écris pour ton pays, enfant.

Voici à nouveau que Je viens en votre pays, par la bouche de Mon instrument fidèle, vous donner la vie en abondance.

C'est maintenant que Je descends en vos cœurs, pour les illuminer de Ma Présence constante, de Ma tendresse profonde pour chacun d'entre vous.

D'ici peu, le tonnerre va gronder au-dessus de votre pays, car le mal que vous avez fait appelle le mal à tomber sur vous. Ce n'est pas Dieu qui vous envoie les souffrances, c'est le démon qui vous les inflige parce que vous l'acceptez en vos âmes. Le péché appelle la souffrance…

Revenez à Moi, âmes de ce temps, car votre souffrance de l'âme ou du cœur, du corps aussi, prendra son apaisement dans la douceur de Mon Cœur divin.

Mais pour cela, il faut que vous daigniez Me regarder, Me croire lorsque Je vous dis que Je vous aime, Me faire confiance lorsque Je vous dis que Je pardonne inlassablement, à qui M'offre ses péchés en s'en repentant.

Je vous éclairerai si vous le désirez, vous apprenant à Me connaître, à ne pas M'offenser.

Pourquoi M'offensez-vous si fort, vous moquant de Mes commandements d'Amour? Pourquoi ne désirez-vous pas la vie et le bonheur de l'amour en vous?

Pourquoi croyez-vous que les misères qui vous arrivent sont irrévocables? Ne comprenez-vous pas que Je vous ai créés pour la joie, et ce, quelles que soient les difficultés de la vie? Croyez-vous donc que Je ne souffre pas en regardant tant de maladies physiques et morales tomber sur vous?

Je peux retirer le mal de la terre, si vous croyez que Je — le Christ Jésus — veux votre bonheur; Je peux le défaire du pouvoir que vous lui avez donné si vous revenez à Moi humblement, Me demandant pardon pour tant de peine faite à Mon Cœur.

Si vous acceptez de changer vos vies, en Me laissant faire le bien en vous, Je purifierai vos âmes et sauverai vos cœurs qui n'existent plus guère.

Il faudra que Je vous donne l'épreuve du feu pour que vous Me regardiez en abaissant votre orgueil... Mais, quoique Mon Cœur ne désire pas vos souffrances, Je serai obligé de les laisser vous atteindre si vous ne reconnaissez pas votre Dieu.

Comprenez-vous combien Je vous aime, enfin?

Ne désirez-vous donc pas l'infini Amour que J'ai pour vous? Est-ce que votre vie d'esseulés vous satisfait vraiment, ou voulez-vous enfin rendre Gloire à votre Créateur pour la beauté de votre âme qu'Il veut vous rendre?

Ouvrez donc vos yeux, et si vous n'y arrivez pas demandez-le-Moi, et Je vous promets que Je M'élancerai vers vous, vous donnant de Me connaître et de M'adorer, afin que vous soyez enfin heureux.

Je vous bénis, vous qui accueillez Mon message.

Jésus le Christ

Mercredi 12 juin 1996

Jésus le Christ te dicte: quand Je t'appelle à Me retrouver, viens et souris-Moi: Je Me repose lorsque tu souris en Moi...

Aujourd'hui, Je te parle de la France, encore, dans ce message...

Beaucoup d'évêques de ton pays se sont rebellés contre Moi, et Me crucifient par leur appartenance à la «secte» franc-maçonnique. Beaucoup ont érigé leur dictature envers ceux qui M'aiment, et ce, afin de les corrompre et de les détacher de Moi.

Par ces évêques qui n'en sont pas — car ils sont serviteurs de Satan —, le mal est en train de tomber avec acharnement sur la France, allant jusqu'à décourager les âmes de bonne volonté qui avaient fait vœu de Me servir.

Beaucoup de prêtres sont assujettis à des évêques francs-maçons et obéissent à des ordres qui vont contre ce que le pape demande — et Moi, le Christ, à travers lui.

Si l'obéissance est de rigueur dans la voie religieuse, Mes prêtres oublient bien souvent que leur âme est libre, et qu'ils ne doivent jamais céder à des ordres qui seraient donnés à cette âme. Obéissance de gestes, de corps — de travail —, oui; obéissance à des supérieurs qui sont ennemis de Mon Sacré Cœur en voulant imposer leurs vues diaboliques, non. La seule obéissance que Je demande en tout, est celle due au chef de Mon Eglise. Mais l'ordre ne doit jamais rendre un cœur esclave: le cœur est libre; aussi, les prêtres doivent savoir vivre en vérité, ne se laissant troubler par aucune persécution, et avancer fidèlement selon leur cœur — amour — vers Moi. Je ne saurais tolérer qu'un prêtre dise M'aimer et obéisse à des ordres franc-maçonniques sous prétexte d'obéissance.

La franc-maçonnerie a détruit toute «idée» de cœur; elle s'est ingéniée, par le biais d'évêques livrés à Satan volontairement, à faire disparaître toute «notion» d'amour; Je ne suis plus qu'un Dieu de «livres» et bien absent de votre monde...

Je désire que tu «t'ingénies» à détruire le faux message des évêques francs-maçons, enfant, de manière à rétablir la vérité dans les cœurs.

Aide-Moi; ne laisse pas ton Dieu dans cette si grande souffrance. Annonce au monde combien Je l'aime, de Ma tendresse si grande, et parviens à Me ramener les âmes qui sont sur ce chemin de perdition.

Je bénis ton cœur obéissant et fidèle. Détrône les usurpateurs de Mon Nom, par la si grande tendresse que Je mettrai en toi: ose toujours parler comme Je te le demande et «suis»-Moi: Je te porterai; ton Jésus te portera...

Jésus-Christ

Jeudi 13 juin 1996

Jésus le Christ te dicte: ceci concerne l'Eglise de France.

Quand Je t'ai parlé hier de la franc-maçonnerie au sein de Mon Eglise, Je ne t'ai donné que d'entrevoir les dégâts qu'elle causait dans les cœurs. A présent, Je te donnerai de comprendre Ma souffrance en partageant avec Moi ce que Je désire te dévoiler.

Comme le temps passe et que les bergers de Mon Eglise ne reviennent pas à Moi, mais au contraire M'éloignent cruellement, Je leur parlerai à nouveau, par des instruments tels que toi, et ils seront dans l'obligation d'entendre la Vérité: ils choisiront alors librement de Me donner leur cœur, ou bien Je les détacherai de Mon Eglise: Je les enlèverai de leurs «postes» pour donner leurs places à des âmes ferventes et fidèles.

Mon Eglise sera remaniée, de sorte que seuls ceux qui M'aiment M'y servent: et alors elle deviendra sainte et forte comme elle ne l'a jamais été.

Mais avant que ce temps proche n'arrive, Je parlerai à ces hommes de Satan, essayant une dernière fois d'entrer dans leurs cœurs. Puis ce sera la grande purification de Mon Eglise.

Voici que l'heure s'approche où les évêques de Satan (c'est ainsi que Je nomme les francs-maçons qui se sont infiltrés dans Mon Eglise) verront «le noir» de leur âme et alors ils n'auront plus de paix qu'ils n'aient demandé pardon à Mon Cœur divin et sacré, ou alors ils périront dans les flammes de l'enfer…

Voici que Je viens, avec Mes anges prêts à annoncer la Vérité sans aucune crainte, et voici que l'Eglise sortira victorieuse de cette tourmente qui aura duré tant d'années.

Les âmes de ceux qui M'offensent ainsi journellement croient que la victoire est entre leurs mains; elles resserrent leur étau autour de Mon Corps afin de commettre le sacrilège suprême: celui de Me dévaster, de M'anéantir, d'abolir Mon Saint Sacrifice.

Mais cela ne sera pas: Mon Eglise forte et régénérée par des purifications déjà en cours, affrontera alors ouvertement le mal et elle vaincra, au moment où l'irréparable sera sur le point de se produire…

Mes petits enfants de la nouvelle Eglise, c'est vous que Je prépare ainsi en ce moment pour affronter au moment venu les troupes de l'ennemi: Je vous donnerai la victoire, soyez-en sûrs. L'Eglise est en train d'arriver à un jour sans précédent: la victoire définitive sur le mal.

Croyez que tant de siècles de tribulations et d'épreuves ont préparé la victoire du Christ que Je Suis en Son Corps (l'Eglise).

Maintenant, cela est sur le point d'arriver: mes petits anges sont prêts, tous faits de tendresse et de douceur, mais avec l'armure terrible de la Vérité qui ne craint rien.

Alors œuvrez et sachez-vous vainqueurs d'avance. Moi, le Dieu de tout ce qui est, vous bénis.

Jésus-Christ

Samedi 15 juin 1996

Jésus le Christ te dicte: enfant, Je t'instruis au sujet de Mon Eglise, et spécialement celle de France.

Mon Eglise meurtrie et divisée se meurt: elle se meurt par la faute des évêques et des prêtres qui ont accepté l'orgueil dans leurs cœurs.

Beaucoup de Mes âmes consacrées ont livré leur cœur à Satan en recherchant leur gloire et non la Mienne. Beaucoup de ces âmes ont préféré barrer la route à Mon Esprit de Sagesse et de Vérité, en entreprenant chaque «chose» de la vie pour elles et non pour Moi.

Je suis las de trouver si peu d'amour à Mon égard dans des cœurs qui prétendent Me servir. Je suis las de leurs actions «charitables» qui ne sont pas, et qui sont insinuées à leur esprit par Satan qui détourne ainsi le cœur du silence avec Moi-même, silence dans lequel Je pourrais entrer…

Je suis las de ce siècle fait de trahison envers Moi, le Christ Jésus… Pourquoi ne veulent-ils pas M'aimer…? Pourquoi sont-ils imbus d'eux-mêmes et de leur orgueil pétrifiant? Je les sauverais s'ils le voulaient. Mais ils ne Me désirent pas. Ils désirent être entendus, aimés pour eux-mêmes, glorifiés et prendre Ma place... Cela ne sera pas...

Dénonce aux évêques et aux prêtres la perfidie de Satan qui les détourne tant de la prière, de l'union intime avec Moi, en laquelle Je pourrais œuvrer...

Dénonce le péché de ces âmes sacerdotales qui aiment les honneurs et le bruit, l'agitation et les réunions, mais pas du tout le silence et la pauvreté, l'humilité et la joie qui en découlent...

Dénonce tout ceci, enfant, pendant qu'il est encore temps, et Je te bénirai — Je vous bénirai, toi et ton père spirituel —, car la Vérité sera en vous et vous ne trahirez pas votre Dieu trois fois saint par une fausse prudence qui n'est que refus de Dieu.

Je te bénis. Aime-Moi seulement.

Jésus-Christ

Lundi 17 juin 1996

Jésus le Christ te dicte: quand Je t'ai donné de devenir fille aînée de l'Eglise, France, Je t'ai donné de repousser aussi tes ennemis.

Mais maintenant, tu M'as oublié; et tu as accueilli le mal dans ton cœur: tu M'as chassé et as aussi par là même perdu Ma protection.

Consacre-toi à nouveau à Moi, le Christ Jésus, et Je te promets Mon appui: apprends à Me reconnaître et tu verras tes ennemis s'en aller.

Consacre-Moi ton âme, peuple de France, et Je te rendrai la sainteté que Je te destine. Ne Me chasse pas davantage, ou tu périrais.

Accueille Marie, Ma Mère bien-aimée, qui sillonne vos routes pour Me préparer le chemin, et convertis-toi bien vite: reviens à Moi et Je te pardonnerai.

Approche-toi de Mes sacrements et apprends à les connaître, à les comprendre: c'est Mon Amour et Ma Miséricorde, que Je t'offre là.

Refuse la perversité de la franc-maçonnerie infiltrée dans Mon Eglise; va là où Je t'appelle, pour Me rencontrer, et non chez les âmes sacerdotales ennemies de Mon Sacré Cœur.

Ne te laisse pas plus longtemps inculquer une fausse doctrine, faite par les ennemis de Mon Nom pour t'éloigner et te perdre (la franc-maçonnerie).

Apprends à la discerner, cette doctrine fausse et trompeuse dans laquelle Je suis absent. Apprends à Me connaître chez des prêtres saints: humbles de cœur, non avides de gloire et de louange, et amoureux de Moi.

En connais-tu? Je te les ferai connaître: ils sont Mon Eglise de demain; tu les reconnaîtras à leur cœur et à l'accent de vérité que Je mettrai en eux.

Je reposerai les fondations de Ma Sainte Eglise catholique sur ce peuple de France que Je rendrai victorieux du mal. Mais pour cela, il faudra que vous M'accueilliez dans vos cœurs avec droiture et compreniez combien vous M'avez blessé.

Alors Je vous pardonnerai et vous ferai Miens.

Et toi, petite enfant, sens-toi aimée de Moi, le Dieu de tout ce qui est, avec humilité: ne te regarde pas comme coupable alors que Je t'ai donné de tant Me désirer, et sache accepter que Je t'aime de cet Amour de prédilection, en la tendresse que Je te porte.

Je te bénis. Va.

Jésus-Christ

Mardi 18 juin 1996

Jésus le Christ te dicte: si le désir de Dieu était dans les âmes consacrées, il n'y aurait pas tant de faiblesse dans l'Eglise.

Si les âmes consacrées vivaient dans la chasteté, l'humilité et l'obéissance, alors l'Eglise ne serait pas ravagée ainsi par la franc-maçonnerie. Cette secte (Je nomme ainsi la f.m.) est de loin la pire de celles qui se disent chrétiennes: elle est œuvre de Satan en ce qu'il y a de plus pernicieux, de plus vil, de plus abject et repoussant.

Je la détruirai; cela, Je te le promets, enfant... Aide-Moi à repousser le mal comme Je te le demande...

Maintenant, il faut que la vérité éclate au grand jour et que l'ennemi soit détrôné; il faut que cela se fasse rapidement afin que l'Eglise — Mon Eglise — soit sauvée.

Proclamez ouvertement, enfants de Dieu, que l'ennemi s'est infiltré au sein de Ma Maison pour prendre Ma place: prêchez l'humilité et la pauvreté, l'obéissance et la chasteté, et vous verrez comment les âmes au service de Satan se déchaîneront: alors, vous les reconnaîtrez pour ce qu'elles sont, et vous les chasserez de Ma Maison; Je vous donnerai la force pour cela.

Ma tendresse pour ces âmes livrées à Satan, par la franc-maçonnerie, est là, dans Mon Cœur, mais ces âmes n'en veulent pas; atteintes d'un orgueil incommensurable, elles se dirigent vers la mort.

Je sauverai et purifierai, en ce temps qui vient.

Dénoncez le péché, enfants, en ne craignant pas pour vous-mêmes: Je vous abriterai de Mon Amour et vous défendrai; vous serez, avec Mes anges, anges vous-mêmes, prêts à combattre pour le Christ Jésus, avec la tendresse et la vérité, la fermeté aussi, contre les légions de Satan. Ce n'est pas la guerre que Je vous demande, car Je hais la guerre. C'est l'Amour que Je vous donnerai qui vous donnera la force d'anéantir le mal et de le dénoncer. Alors il fuira dans son repère de ténèbres, et Mon Eglise revivra.

Pour cela, J'ai besoin de vous, petits enfants, de vos cœurs épris d'amour et de vérité... alors Je vaincrai le mal qui s'acharne sur vous: Je vous le promets.

Je désire que ceux qui M'aiment se mettent à Mon service, vraiment, de tout leur cœur, et seulement avec leur cœur: ils formeront la légion de tendresse que Je donnerai à Marie, Ma Mère bien-aimée, pour vaincre le démon au sein de Mon Eglise: les âmes livrées à la secte maçonnique.

Toi, petite enfant, ose dire la vérité comme Je te le demanderai, au moment où Je te le dirai; œuvre et avance, avec ton père spirituel, et ne crains rien: ton Dieu te protège.

Je vous bénis.

Jésus-Christ

Jeudi 20 juin 1996

Jésus le Christ te dicte: entends Mon appel, Mon peuple de France, et éveille-toi. Eveille-toi de la torpeur qu'a mise en toi le démon pour te décourager et t'éloigner de Moi.

Secoue-toi, ou plutôt, désire que Je te secoue, afin que Mon Esprit de Sainteté balaie en toi tout péché de vice et d'impureté. Tiens-toi à genoux devant Moi, peuple de France, car voici que Je viens te délivrer de tes ennemis.

Quels sont-ils, ces ennemis? Tous ceux que tu as acceptés librement: le péché et l'aveuglement volontaire devant tes fautes. Repens-toi et Je te pardonnerai; reviens à Moi pendant qu'il est encore temps, car Je ferai justice bientôt, et alors Je serai sourd à tes appels.

Combien de fois Me pousseras-tu à bout en faisant de cette terre que Je t'ai donnée un lieu où Satan est accueilli de plus en plus? Comprendras-tu que tu cours à ta perte ainsi, en détrônant Mon Sacré Cœur et en rivalisant d'ardeur pour t'enorgueillir en prenant Ma place? Comprends-tu combien tu t'acharnes contre Moi en démolissant Mon et Mes Eglises (l'Eglise catholique et les Eglises)?

Comprendras-tu que Je suis las de tant de haine et que tu pousses le Bras de Mon Père à s'abattre sur toi? Vas-tu enfin demander pardon pour tant de méfaits? Vas-tu enfin cesser de rechercher ta gloire et M'honorer en Me laissant sauver ton âme?

Faudra-t-il que Je te montre Ma puissance pour que tu comprennes que tu n'es rien de toi-même?

Pauvre France enorgueillie; tu ne sais quelle bassesse le démon t'a donnée… tu ne vois plus, ne sens plus, et te diriges vers l'abîme…

Je te sauverai; Je le promets, Moi, le Dieu de tout ce qui est: lorsque ton cœur aura fondu, alors Je le serrerai contre Moi et le ferai Mien.

Ton pays est coupable de grands méfaits, enfant; il est l'un des premiers à avoir légalisé le meurtre d'enfants, à accepter la pornographie et le vice de l'impureté, à Me chasser ouvertement de Mon trône en ayant accepté la franc-maçonnerie.

Il est temps que la France s'éveille, enfant; délivre Mon Message, avance et souris: ton Dieu te bénit.

Jésus-Christ

Comme cela arrivait de temps à autre, Jésus, guidant la main de «Françoise», lui fait dessiner la terre avec une église et des maisons… paysage calme, couvert d'un arc de couleur rouge symbolisant le Mal qui retombe sur terre, tandis que, par-dessus, un arc de couleur verte symbolise la victoire de l'Esprit-Saint. Et Jésus lui dicte alors la légende suivante:

L'Esprit Saint recouvrira la terre,
en apaisant la douleur des uns — les Miens —,
en laissant le mal retomber sur ceux qui le désirent;
ce sera la grande purification.
Toi, aide-les: ils en auront besoin.

Jésus-Christ

Vendredi 21 juin 1996

Jésus le Christ te dicte: lorsque tu es silencieuse, Je te forme par Mon Amour si grand pour toi. Désormais, sois silencieuse, le plus possible, afin que Je t'instruise davantage.

Etre silencieuse, c'est Me laisser faire, dans le calme intérieur, en toute confiance. Je ne veux pas que tu Me dises encore: «je ne suis capable de rien.» Je sais cela; et Je te donne de pouvoir accomplir tout ce que Je désire de toi. Cesse de te croire dépourvue de toute capacité, car s'il est vrai que tu ne peux rien de toi-même — seule, unie avec Moi, nous pouvons tout.

Parce que tu es craintive de tout et si faible à la souffrance, Je choisis de te donner ainsi Mon Amour de tendresse, en te comblant démesurément.

Maintenant, tu te lasses en Me disant: «je n'arrive pas à avoir la confiance que Tu désires, je n'arrive pas à donner Ton message…»

Cela est vrai: tu ne peux de toi-même avoir la confiance parfaite, ni œuvrer pour Me servir. C'est justement pour cela que Je t'ai choisie…

Quoi que tu fasses, cela viendra de Moi Jésus-Christ, car tu es encore plus abandonnée à ton Jésus, ne sachant rien, ne pouvant rien...

Je te bénis.

Jésus-Christ

Dimanche 30 juin 1996

Ma fille chérie, tu dois Me transmettre là où Je t'envoie, et Me renouveler tes vœux aussi souvent que Je te le demande.

Veux-tu Me donner au monde? alors, donne-Moi au monde en Me faisant paraître en toi.

Comment oses-tu croire que Je ne «pourrai» rien faire de toi? Ne sais-tu pas que Je peux tout là où le cœur M'accueille?

Il faudra que tu comprennes combien Je t'aime afin que Je paraisse en toi... et cela, tu ne l'as pas encore compris...

Quand Je désire d'une âme tout de son cœur, Je la rends aussi pure qu'une fleur de lys. Toi, Je te rendrai «spécialement» pure, tant tu ravis Mon Cœur divin et Sacré par ton amour d'enfant...

Quand Je t'appelle à renouveler tes vœux, ce n'est pas parce que Je les «oubliés» — ! —, c'est parce que Je t'aime très fort de Me les donner à nouveau...

Je t'aime si fort que Je te manifesterai Mon Amour plus tendrement qu'à toute âme de ce temps...

(mais tu sais, s'il existait une âme qui Me désire plus tendrement que toi, Je lui donnerais «plus»!!!)

Je manifesterai en toi Ma puissance et Ma Gloire, car tu es la plus petite enfant que J'ai trouvée, aussi aimante qu'un bébé et aussi craintive qu'un écureuil... Dans autant de faiblesse, Je serai le Seul et tu seras ainsi Ma préférée.

Maintenant, Je désire que tu Me serves dans Mon Amour, en grandissant dans Ma tendresse et sous Ma protection.

Sous Mon regard tu grandiras jusqu'à devenir une fleur parfaite. Et puis, Je t'emmènerai dans Mon ciel, là où Je mets les fleurs comme toi, amoureuses et pures de ce parfum que Je leur donne: la vérité.

Je t'aime, amoureusement, et divinement.

Je te bénis.

Jésus-Christ

Lundi 1er juillet 1996

Jésus le Christ te dicte: si tu as trouvé grâce à Mes yeux, c'est que tu as désiré l'Amour. Si Je t'ai épousée, c'est que tu as écouté les battements de Mon Cœur et que tu as accueilli ainsi Ma parole.

Je t'ai aimée bien avant que tu naisses et J'ai formé alors le dessein de Me dévoiler à travers toi, en Ma tendresse infinie.

Je t'aime d'un Amour que personne sur la terre ne pourrait t'offrir; et, malgré cela, tu doutes encore de Mon Amour pour toi…

Tu doutes et M'offenses lorsque tu crois que Je ne peux te délivrer des tourments qui t'assaillent; tu Me fais de la peine lorsque tu crois que Je ne peux rien faire de toi tant tu es misérable, tu M'offenses continuellement en croyant — ton cœur le croit — que Je suis parfois dur et sévère avec toi…

Et pourtant Je te pardonne en chaque instant, car ta souffrance est si vive, de croire cela, que Je ne saurais t'en blâmer. Mais il va falloir que tu vives, et sentes Mon Amour, afin que Je ne sois plus si triste de voir ton cœur dans l'erreur de croire que ta souffrance est de Moi, Jésus-Christ.

Ta souffrance est de Satan, et Je t'en délivrerai: Je te l'ai promis. Mais avant cela, il faut que tu Me promettes de ne plus faire aussi mal à Mon Cœur, en laissant le démon te déstabiliser ainsi. Je te montrerai Mon Cœur, amoureux et divin, mais promets-Moi alors de ne plus douter de Ma tendresse infinie et constante pour toi, aussi misérable sois-tu.

Sois bénie, petite enfant...

Si ton Dieu s'abaisse à venir jusqu'à toi, c'est parce que tu es particulièrement sans forces et amoureuse au plus haut point cependant... Il faut que tu comprennes que Satan a pouvoir de tenter, mais que cela a la fin obligatoire que Je lui destine.

Alors, ne crains pas. D'ici peu, la rosée viendra irriguer les plaies que tu as, et Je chasserai le démon à tout jamais, loin de ton cœur.

Je t'aime. Viens.

Jésus-Christ

Mardi 2 juillet 1996

Jésus le Christ te dicte: ose croire à l'Amour, Ma petite fleur préférée, et donne-Moi au monde en vérité, sans te taire ou Me cacher lorsque Je désire que tu parles, et portes Mes Messages.

Dis la vérité aux hommes de cette Eglise qui est la Mienne et qui ose se prétendre aimante et charitable alors qu'elle a accueilli Satan en son cœur.

Ose parcourir le monde en ouvrant les yeux des malheureux qui croient voir et sont aveugles...

Maintenant, les hommes M'oublient et Me crucifient, Me faisant passer pour mort et s'arrogeant le droit de se sentir supérieurs à Moi: ainsi, ils M'écrasent, subrepticement.

Ouvre les yeux de ceux qui se jouent de Moi, Me torturent et Me manquent de respect: dis-leur combien ils M'offensent...

(Et s'ils te disent: «de quel droit nous dis-tu cela?», tu répondras: «Je suis de Jésus-Christ; c'est Lui qui me révèle ceci pour que je vous le dise.»)

Tu es Ma semence et en toi Je parlerai. Par toi J'ouvrirai les oreilles d'un grand nombre et cela Me glorifiera.

Et cela Me glorifiera d'avoir œuvré avec tant de délicatesse, en un enfant aussi faible que toi; Je serai ton réconfort, partout où tu iras: Je te le promets.

Si Moi, le Christ Jésus, Me donne autant à toi en Ma tendresse constante — ce que tu ressentiras bientôt —, comprends que J'irradierai ainsi Ma Présence dans les cœurs qui M'accepteront.

A présent, Je t'emmène Me servir.

Jésus-Christ

Mercredi 3 juillet 1996

Jésus le Christ te dicte: as-tu vu cette église, dans laquelle «J'étais» respecté — dans la beauté de cette chapelle ainsi que par l'emplacement de Mon tabernacle?

(Il s'agit de l'église Notre-Dame des Victoires, à Angers)

Eh bien, Je voudrais que chaque église soit rendue digne d'abriter Mon Saint Corps, ainsi, par sa beauté, sa propreté, et surtout parce que Mon tabernacle occupe l'emplacement du milieu de l'autel. Souvent, «on» M'a relégué sur le côté, dans une chapelle annexe, avec des débris et de la poussière, dans un tabernacle qui est là pour M'offenser, tant il est laid...

Bien-aimée, travaille à restaurer les églises, en disant aux âmes qui s'en occupent de rendre ce lieu digne de Celui qu'elles accueillent. Dis-leur de ne pas Me briser en M'écartant, en faisant de mes maisons des tas de ruines et de poussière, en entassant les bancs cassés, en oubliant les fleurs fanées, en laissant des linges salis recouvrir les autels, en laissant Mes statues sales et sans couleur…

Que l'on nettoie Mes maisons…

Que l'on M'offre des fleurs…

Que l'on répare ce qui doit être réparé (Je donnerai la grâce pour cela)…

Que, surtout, l'on remette Mon tabernacle au centre de l'église (et non sur le côté)…

Et puis que l'on vienne M'aimer et Me rencontrer…

Que l'on M'honore en réservant une place pour Marie, Ma sainte Mère,

Que l'on garde les vitraux dessinés avec amour par des âmes pieuses,

Que l'on rouvre les églises, toute église,

Que l'on supprime les bâtiments construits sans amour par la secte franc-maçonnique: toutes ces «églises» modernes (de ton temps) qui ne sont que des salles accueillantes pour les non-amoureux de Mon Sacré Cœur.

Et enfin, que l'on M'honore, en Me respectant, et en chassant tout homme qui voudrait anéantir la sainteté de Mes églises en allant contre ce que Je viens de demander…

Toi, petite âme, Françoise, veux-tu travailler pour Moi et restaurer Mes églises?

Je te bénis. Avec toi, J'œuvrerai pour cela également; ainsi ton cœur sera heureux avec le Mien…

Parle; il est temps, Je te guiderai.

Jésus-Christ

Jeudi 4 juillet 1996

Jésus le Christ te dicte: aie Ma joie, petite âme, car les trésors de Mon Cœur Sacré sont tous pour toi. Ma joie et Mon sourire tu es, Ma petite Françoise, car tu es devenue un rien que Je sanctifierai, que J'honorerai de Ma Présence; tu Me prêcheras sur les cinq continents avec joie et tu porteras Ma Croix dans l'espérance et la charité.

Je te donnerai de pouvoir chasser le démon qui est si présent au milieu de ce monde. Par Ma parole de vérité, tu entreras dans les cœurs (Moi et toi) pour leur dévoiler leur péché et leur rendre Ma Lumière.

Ma parole soulèvera le mal contre toi et pourtant cela ne t'empêchera pas de proclamer haut et fort Ma Vérité, tant Je te donnerai de zèle pour Me servir. Par toi, J'ouvrirai le cœur des durs et des impies, et, quoi que le démon fasse pour t'atteindre, la terre tremblera au son de la parole que Je prononcerai. Les murs entendront ce qu'ils ne veulent pas entendre et la purification annoncée commencera ainsi pour beaucoup (par la Parole qu'ils entendront malgré eux). Alors, J'adoucirai leur cœur et leur rendrai la vue.

(Bien-aimée, veux-tu travailler pour Moi?) Alors travaille d'arrache-pied: Je veux que toute la terre connaisse Ma tendresse et Me revienne humblement.)

Maintenant, Je te dis: arme-toi de courage et entre dans Mon Sacré Cœur pour ne jamais en sortir: toi et Moi, unis, nous vaincrons comme Je le désire.

Ma tendresse si prévenante pour toi ne te fera jamais défaut: tu M'honoreras en la portant, jusqu'au dernier jour de ta vie.

Si tu M'aimes, tu dois détester le mensonge et les honneurs. Détestes-tu cela? Alors tu es Mienne: Je t'abriterai pour la vie éternelle.

Ecoute: quand Dieu se penche sur ton âme, c'est avec joie, tant Il t'aime. J'enlèverai tout attrait pour les choses de la terre, en toi. Me le permets-tu? Oui, tu Me le permets et le désires. Aussi, ne crains pas: personne ne viendra piller Ma demeure.

Je te bénis. Que personne ne t'enlève le don que Je t'ai fait et qui est de défendre Mon Nom trois fois saint avec autant de fermeté et de vérité.

Parfois, tu sous-estimes Ma Puissance, enfant, mais Je te donnerai de voir et alors ta foi grandira…

Je t'aime. Va.

Jésus-Christ

Samedi 6 juillet 1996

Jésus le Christ te dicte: aspire à Me retrouver, Ma petite âme, en chaque instant qui vient. Fais-toi «esclave» de Ma passion pour toi. Rends-toi à l'Amour qui brûle de te faire Sienne plus tendrement encore.

Dorénavant, Je te garderai encore plus auprès de Moi, dans l'écriture et dans nos actions. Me le permets-tu? Je resserrerai nos liens et tu ne Me quitteras plus ou presque…

Fais-toi toute petite: encore plus; en attendant tout de Moi, en désirant Ma volonté, tu consoleras Mon Cœur, tant tu rachèteras pour les âmes qui Me refusent.

Dans le monde où tu vis, il n'y a pas de place pour les enfants, car tout est obscur ou tend à l'être. Mais, quoique Je te laisse dans le monde, Je te donne Mon Sacré Cœur: il sera ton soleil de tout instant si tu Me permets de t'élever encore plus près de Moi.

«Mourras»-tu à toi-même, petite fleur de Ma Passion? Je veux te défaire de toute crainte, de toute tristesse. C'est ce qu'il reste encore de «toi». Veux-tu cela?

Alors, bénis-Moi de t'accorder autant de grâces. Bénis-Moi d'être ton éducateur spirituel qui te forme avec autant de soin. Bénis-Moi de rire avec toi si tendrement. Bénis-Moi de te donner le «ciel» de Mon Cœur que Je ne dévoile qu'aux enfants. Par-dessus tout, bénis-Moi de te donner autant d'amour pour Moi.

Je permettrai que les hommes de Satan te montrent leur âme noire et haineuse: ils t'humilieront, ou croiront le faire. Mais tu seras gardée avec tant de soin dans Mes Bras, que leur humiliation pour toi se transformera en sourire dans ton cœur. Tu souffriras leurs insultes et par ton silence de joie, tu détrôneras les orgueilleux: ils croiront t'avoir vaincue et leur péché se retournera contre eux.

Tu pardonneras, n'est-ce pas? Je te bénis.

Ils te ridiculiseront, te traîneront dans la boue, et cependant, nombreux sont les fidèles qui marcheront derrière toi.

Veux-tu aller dans le monde entier pour Me servir et M'honorer? Montre-toi courageuse, alors, car tu demeureras sur la terre pour Me servir et souffrir des insultes que J'ai souffertes.

Ecoute: tu œuvreras pour Moi, Jésus-Christ, au sein de ce monde. Le Père bénira tes pas, comme Moi, les bénis.

Je te bénis.

Jésus-Christ

Dimanche 7 juillet 1996

Jésus le Christ te dicte: il y a quelque temps, tu Me disais: «Jésus, donne-moi de T'adorer infiniment»... et Je t'ai dit: «Je te donnerai tout l'Amour que tu pourras contenir.»

Alors, Je te dis à présent: veux-tu être Mon épouse parfaite? Sois-le donc, en ne refusant aucun de Mes dons. Les dons dont Je te parle sont ceux du Saint Esprit: en Le recevant en toi, tu grandiras dans la joie de ton Amour: Jésus-Christ.

Pour accepter Mes dons pour toi, il faut que tu choisisses librement et amoureusement une existence facile au sein du monde, ou une existence difficile parce que le monde te renieras comme Il M'a renié; cependant, si tu choisis la deuxième existence, tu auras la joie de Ma Présence en tout instant, et tu sauveras des âmes en grand nombre.

Pour toi, Je ferai des merveilles de grâces; ce que tu demanderas pour les autres, Je te l'accorderai. D'ici peu, Je te donnerai le feu de l'Esprit-Saint, dans une onction particulière; alors, tu pourras Me répondre comme ton cœur le désire.

Si tu Me suis, Mon don du Saint Esprit te donnera la force de soulever cette croix que Je te propose, et qui est d'affronter le mal pour «l'exterminer» par les paroles que Je prononcerai. Je ne multiplierai pas tes croix, enfant: celle-ci sera ta joie, et lourde cependant. Mais tu triompheras aisément, car Je te garde, Ma petite préférée, au sein de Mon Cœur divin et amoureux.

Je te conduirai et tu ne manqueras de rien. Cette existence difficile te sera donnée et te comblera dès ici-bas: Moi, le Dieu trois fois saint, te le prédis.

Pour que tu saches que Dieu peut tout dans l'âme qu'Il aime, Je te dis: sois heureuse maintenant, Je le veux.

Jésus-Christ

Lundi 8 juillet 1996

Jésus le Christ te dicte: Je t'assurerai dans ta foi, pour que tu Me serves et M'honores dans la joie.

Je sais que tu es lente à comprendre que Je t'aime d'un Amour de tendresse infinie, car tu es éprouvée si fort, afin que Je te comble ensuite démesurément.

Pour que tu sois la petite privilégiée de Mon Cœur, J'ai dû abattre des montagnes de doutes en toi. J'ai dû permettre que tu sois harassée de tant d'épreuves; et pourtant J'ai fait ce qui était bien pour toi...

J'ai supplié le Père, Dieu éternel et tout-puissant, de Me permettre de t'emmener au plus près de Mon Sacré Cœur, et Il l'a permis.

C'est pourquoi tu as tant éprouvé de doutes et de tristesses. Ton Dieu Se répandra en toi en échange de tout ce que tu as porté si difficilement.

Maintenant, le temps de la moisson est venu, et Je t'appelle à Me servir dans le monde, en écrivant Mes Messages et en les donnant.

Ta mission sera difficile, et pour cela, Je te doterai d'un ange particulier, de douceur, de paix, et de joie. Il te soutiendra dans ton travail et te sera fidèle. C'est Emmanuel, l'ange de la joie que Je t'avais donné de connaître il y a quelque temps. Ton ange gardien et Emmanuel guideront tes pas sur le droit chemin et te protégeront contre le mal.

Es-tu heureuse de Mon don? Accueille-le comme Mon «cadeau» divin pour toi. Je te le donne.

Sur son visage tu liras la douceur de Celui qui aime (ton Jésus), tu liras la paix et la fidélité, et tu auras son sourire constamment.

Epouse Ma volonté en sachant qu'il est ton ami le plus fidèle que Je te donne d'aimer après Moi, Jésus-Christ.

Je te bénis. Attends dans la paix.

Jésus-Christ

Mardi 9 juillet 1996

Jésus le Christ te dicte: assure tes pas, enfant, en désirant Ma volonté pour toute chose, en chaque instant de ta vie. Ainsi tu auras le bonheur de Me contempler dans la joie, amoureusement et pleinement.

Il faut beaucoup d'humilité et de confiance pour désirer la volonté de Dieu. Mais, une fois que tu as goûté ce don, tu ne recherches que lui, car ton âme comprend alors que Je désire ton bonheur, et que Je donne la grâce de la joie chez le tout-petit qui se livre ainsi à Ma Sagesse.

Dis-Moi: es-tu sûre de Mon Amour pour toi? Alors, sens-le: écarte tout sentiment de crainte en toi et sens-le.

Je t'ai donné cette mission, de porter Ma tendresse jusqu'au bout du monde et de déraciner le mal, infiltré dans Mon Eglise: la franc-maçonnerie. Si tu savais le don que Je te fais ainsi, enfant, tu Me bénirais de t'accorder autant, toi, Mon petit rien tant aimé…

(Tu Me plais lorsque tu souris!)

Ecoute… Chaque jour, les faussaires de Mon Saint Nom s'accordent pour Me crucifier à nouveau; empêcheras-tu cela de s'accomplir? Si tu le désires, cette croix sera la tienne: Je te donnerai de vaincre le mal franc-maçon, et Je le ferai; Moi, le Dieu de tout ce qui est, te le promets.

Comme Je te bénis… Va, tu auras cette croix, enfant.

Tu la porteras comme un enfant peut porter: pas plus; mais cela suffira à délivrer Mon Eglise de ce fléau qui dure depuis si longtemps déjà...

Je te soutiendrai et tu ne chancelleras jamais. Ta joie sera le verdict que Je rendrai à tes agresseurs: ceux qui Me martyrisent ainsi; ils perdront leur pouvoir et Me reviendront... beaucoup Me reviendront... Je les détrônerai et leur ferai voir leur misère, et puis tu verras... l'Eglise renaîtra.

Je te bénis.

Jésus-Christ

Mercredi 10 juillet 1996

Jésus le Christ te dicte: souviens-toi, Mon enfant, de ce jour où Je t'ai dit: «sois à Moi parfaitement.» Et tu as compris: «à la fin de ma vie, peut-être deviendrai-je parfaite, en entrant au ciel.»

Mais ce n'est pas cela, la perfection que Je te demande. C'est dans la vie de chaque jour, maintenant que Je te veux parfaite.

Dans le désir de Dieu que J'ai mis en toi, tu es parfaite, puisque c'est Mon désir en toi en chaque instant. Dans ce que tu fais au long de ta journée pour Moi, tu es parfaite aussi, puisque tu fais alors Ma volonté avec bonne volonté.

Mais tu es imparfaite lorsque tu crains et doutes de tout. Je veux que tu sois solide et ne craignes rien ni personne, que tu ne doutes plus un instant de Mes dons pour toi, que tu œuvres en Sagesse avec l'Esprit-Saint pour Me glorifier, dans la mission que Je te confie.

A présent, tu seras épaulée par Emmanuel, que voici. Il est l'ange que Dieu te donne pour chasser toute crainte en toi. Il t'apprendra à Me louer et à Me bénir, à M'adorer et à Me servir dans la crainte respectueuse, ce que tu as déjà, et qui n'est qu'amour.

Me voici, Emmanuel, ange de Dieu et de la joie. Je suis là, à tes côtés; Je travaille avec toi, Je veille sur toi, Je te nourris de l'Amour de Dieu en t'aidant à L'écouter de ton mieux.

Je suis celui qui sourit en toi, lorsque je souris avec toi; je suis douceur et joie, je suis l'envoyé de Dieu pour te donner d'accomplir ta mission au mieux.

Dans peu de temps, tu me verras à tes côtés, et ta crainte ne sera plus; je t'accompagnerai en tout lieu et instant, et tu travailleras alors avec ténacité et amour à l'œuvre de Jésus.

Je suis ange, et de Dieu: pur comme tout ange de Dieu, parfait dans mon «état» d'ange, et soumis à Jésus-Christ dans notre totale humilité d'ange. Tu ne dois pas me craindre: je suis doux et ne m'élèverai jamais contre toi; je te respecte et te laisserai libre toujours. Je suis avec toi si tu m'acceptes aujourd'hui comme compagnon de ta vie terrestre. Me veux-tu?

Alors, je te bénis aussi, comme Dieu te bénit.

Va.

Emmanuel

Jeudi 11 juillet 1996

Jésus-Christ te dicte: attends Mon Retour, peuple de France, car Je te visiterai dans peu de temps maintenant. Les fondations de la nouvelle Eglise sont près de s'établir.

Quelles sont-elles, ces fondations? La tendresse dont Je veux inonder le cœur des hommes purifiés, et qui donnera alors de saints hommes à Mon Corps si meurtri.

Il n'y aura plus de raisonnements obséquieux, de caractères mous et tièdes, de forces obscures et diaboliques, de «gens» aimables sans amour, de haineux qui s'entretuent.

Resteront les doux, les humbles de cœur, ceux qui auront fait vœu de Me laisser tout faire en eux, abdiquant à Ma volonté par amour et pour le bonheur de leur âme.

Bientôt, l'on saura Qui Je Suis, et l'on devra choisir, ouvertement, sans se cacher, pour ou contre Dieu définitivement.

Alors Je viendrai, et ce qui restera de Ma Création glorifiera Mon Nom trois fois saint. «Ce qui restera»: les fidèles à Mon Cœur divin; les autres, les renégats, iront sous la terre assouvir la haine de leur cœur.

Porte-parole de Mon Cœur, amène les âmes à la soif de Moi; dis-leur combien Je suis tendre et Miséricordieux. Parle de Moi comme Je te l'inspirerai, et surtout, ne renie jamais ton Dieu pour plaire aux hommes.

Va. Je suis avec toi, en tout instant.

Jésus-Christ

Mardi 30 juillet 1996

Jésus le Christ te dicte: as-tu le désir de Me servir, de M'appartenir, de Me glorifier? Oui, tu l'as, au plus profond de ton cœur, et pourtant tu Me dis souvent: «non, Jésus, pas tant que je ne T'aimerai pas d'un amour passionné et constant, et pas tant que Tu ne me montreras pas l'Amour que Tu as pour moi.»

C'est vrai… tu n'aurais pas la force de Me tromper, en prétendant Me servir sans M'adorer…

Je t'ai fait attendre longtemps, te dis-tu, sans te donner cet amour si passionné que tu désirais tant. Eh bien, tu n'auras pas attendu en vain; de cette soif de ton âme, Je te donnerai le bonheur de la contemplation totale de ton Seigneur et Maître: Jésus-Christ.

Ce qu'est la contemplation, Je vais te l'expliquer: la grâce de la contemplation est donnée aux âmes dont le plus grand désir est d'aimer, au-delà de tout autre. Ces âmes, Je les ai créées pour Me glorifier, Me consoler de toutes les âmes qui n'aiment pas.

Ce sont des âmes de passionnés; si elles ont déjà eu en elles la passion en ce monde, Je les ai dirigées vers Mon Cœur Sacré, pour que leur passion grandisse en Moi. Je les détache progressivement de tout le créé pour Me les donner «à outrance» pleinement.

Elles ont de lourdes croix qu'impose le choix de leur cœur. Une âme contemplative ne saurait plaire au monde ni trahir son Dieu en se taisant devant le mensonge: imprégnée de Ma Divine Présence, elle ne saurait avoir le désir de faire un pas loin de Mon regard. Elle ne cherche pas, elle n'obéit pas — aux âmes du monde avec son cœur —: elle se laisse posséder par Dieu, n'obéissant qu'à Lui avec la passion qu'Il lui donne pour Le servir.

Parfois, Jc prends un petit enfant dans le monde: Je Me révèle à lui et Je lui dis: veux-tu être Mon âme privilégiée? Veux-tu contempler tout cet Amour que Je te porte? Et le petit enfant dit: «oui, Seigneur, mon cœur ne désire que cela.»

Alors Je taille cet enfant, le purifie, l'habille de lumière et de vérité, et alors Je Me montre à lui tendrement pour qu'il M'adore et Me soit totalement uni: Je prends Mon repos dans son âme qui s'est tant languie de Moi…

C'est ainsi que Je fais avec toi…

Ne sois pas découragée de tes faiblesses en te disant ainsi: «je ne peux qu'attendre des années avant que mon Dieu m'ait préparée»…

Je t'ai embellie, quoi que tu penses.

Si, c'est vrai: Je suis Jésus-Christ.

Ne sois pas si têtue.

Je t'ai préparée à Me recevoir dans la demeure de ton âme: Je te montrerai Ma Gloire, et te donnerai de savoir que tu es Mon petit enfant préféré.

Moi, le Dieu de tout ce qui est, ai écrit cela. Sois en paix, Ma petite fille de Ma passion.

Ton Dieu te bénit.

Jésus-Christ

Lundi 5 août 1996

Jésus le Christ te dicte: apaise tes craintes et tes doutes, enfant: Je Suis Jésus-Christ, Fils de Dieu et de Marie.

Je t'aime d'un Amour que tu ne peux mesurer, tant il est grand. Je suis venu te réconforter et te donner la vie en abondance, et non te faire souffrir ou te laisser tourmenter.

Pourquoi Me crains-tu si souvent…

Je suis ton Ami le plus sûr, le plus fidèle… Tu me dis: «parce que Tu te caches, mon Dieu…» Oui, c'est pour cela que tu Me crains; Je le sais…

Mais toi que J'ai choisie pour étonner le monde en lui révélant Ma tendresse, tu devais endurer le feu de l'ennemi afin de le vaincre totalement, Je te l'ai déjà dit…

Et lorsque tu Me dis: «mon Dieu, Tu ne m'as pas donné la grâce de supporter que Tu te caches»…, Je te réponds: à toi sera donnée la Présence du Christ, que Je Suis, plus qu'à quiconque ici-bas en ce temps: alors comprends-Moi; comprends que Je suis juste et fidèle et que tes épreuves te donneront ce que tu désires: M'adorer en contemplant l'Amour que Je te porte.

Je t'aime si fort…

Puisses-tu comprendre combien Je t'aime en te laissant endurer de telles souffrances; puisses-tu comprendre que c'est pour t'avoir bien près de Moi, au plus près de Mon Sacré Cœur.

Non, ce n'est pas ainsi que tu rachèteras pour les pécheurs — quoi que ces souffrances rachètent —. C'est en portant la persécution dont Je serai victime en toi, et en pardonnant…

La mer est calme, sais-tu?

Je te parle de la mer que tu contemples en ce moment!!!

Je te dis cela pour que tu saches que Je souris avec toi en contemplant la création que J'ai donnée à l'homme. Dieu prend plaisir à admirer les beautés de la nature avec Ses bien-aimés…

Si Je donne à l'homme de belles «choses» ici-bas, ce n'est que pour qu'il Me contemple davantage, et Me loue par son amour d'enfant.

Lorsque Je comble une âme avec des «choses de la terre» comme la possibilité de se recueillir au calme près de la mer, ou d'autres cadeaux «naturels» (de la nature) si Je puis dire, c'est pour qu'elle Me possède plus pleinement encore et se rapproche de Moi.

Parfois, Je comble un «petit» qui a soif de Dieu, ainsi, et Je l'aide par Mes dons à détendre son cœur et à comprendre que Je suis bon.

Dieu n'est pas un Père qui donnerait souffrance et tourment tout au long d'une vie. Dieu comble Ses enfants, autant spirituellement que joyeusement, et les souffrances qu'Il donne à porter à celui qui s'est converti pleinement sont légères.

Je Me plais à te combler avec des «choses saines», que J'ai données à l'homme pour qu'il soit heureux. Ne Me fais pas l'offense de croire que les amants de Dieu n'ont sans doute pas droit à tant d'égards de Ma part, car tu Me peines alors bien fort…

Crois au contraire que, plus qu'un père de chair, Je veux te donner le bonheur ici-bas: bonheur de Me garder au plus profond de ton cœur, et bonheur aussi de Me louer dans les choses que Je te donne et qui sont belles car œuvres de Dieu Mon Père.

Je ne te donnerai pas de richesses matérielles, qui éloignent de Moi car elles attirent l'âme vers la possession des choses, mais permets-Moi de te dire: à l'âme qui Me désire plus que tout, Je peux donner un cheval à aimer, une maison simple au calme, et d'autres choses qui t'apporteront la joie de Me contempler davantage.

Ne refuse pas les dons de Dieu: ce n'est pas le démon qui te donne cela, c'est Dieu, dans la sainte Trinité, afin que tu Le loues toujours plus et que ton plus cher et seul désir profond soit de L'adorer.

Bénis-Moi de te donner cela, car tu as su Me désirer toujours en premier malgré les dons que Je te faisais, et ne crains pas: Job a vu ses biens repris mais tu n'es pas Job: ce que Je te donne, Je ne te le reprendrai pas; et si J'avais voulu le reprendre, Je t'aurais donné la grâce de le supporter.

Va, petite enfant, maintenant: que la paix et la joie que Je te rends restent en ton cœur.

Je te bénis.

Jésus-Christ

Samedi 10 août 1996

Jésus le Christ te dicte: enfant, tu ne vois pas et tu n'espères pas… tu es plongée dans l'obscurité, et si Je ne te tenais d'une Main puissante, tu t'écroulerais.

Mais ton Dieu est là et sera toujours là pour toi. Il faut que tu apprennes à te mouvoir librement là où Je t'ai placée, dans Mon Sacré Cœur et sous Ma Miséricorde infinie. Il faut que tu apprennes à ne plus douter et à ne plus Me craindre, car Je te garde et t'aime tendrement en tout instant.

Mais tu te dis encore et souvent: peut-être n'est-ce pas Jésus; peut-être ai-Je là imaginé; peut-être est-ce une interférence du démon etc…

Eh bien, c'est Jésus-Christ, le Fils de Dieu et de Marie, qui te garde et écrit avec toi: ce n'est pas le démon, que Je tiens sous Mes pieds et auquel J'interdis de te tromper depuis déjà quelque temps. Ce n'est pas ton imagination car Je Suis écrit avec toi, surnaturellement, tu le sais bien. Ce n'est pas juste non plus de croire que Je laisse les «interférences» se mêler encore à Mes écrits: cela n'est plus.

Sens-toi libre, à présent, Mon enfant, de te redresser et de Me regarder en paix; c'est bien Moi, Jésus-Christ, qui M'adresse à toi. Je te garde de l'erreur: ne te l'ai-Je pas dit?

Alors, à présent, essaie de ne plus craindre ainsi en t'évertuant à Me chercher, en dénichant les pièges éventuels que te tendrait le démon en te parlant «en même temps» que Moi.

Ne crois plus devoir Me chercher par des «tas» de raisonnements de ton pauvre esprit qui se dit: si je ne réfléchis pas assez, je vais me faire tromper.

Non, tu ne seras pas trompée: Je te le dis, Moi, Jésus le Christ; Je te dis cela concrètement: Je M'exprime de façon à ce que tu Me comprennes.

Permets-Moi de te dire: parle-Moi librement. Ne t'ai-Je pas dit que J'étais heureux lorsque tu venais parler avec Moi? Ne te dis pas: peut-être ne suis-je pas assez recueillie; peut-être ne dois-je pas aller trouver Jésus ainsi…

Ne vois-tu pas que le démon te poursuit afin que tu n'oses plus t'approcher de Moi? Je suis Miséricorde, enfant: J'entends que tu te serves de ce charisme que Je t'ai donné de Me parler, de M'entendre, d'écrire avec Moi.

Ose Me parler dès que tu le désires. Ose Me dire tout et Je te donnerai la Lumière dans ton âme. Cherche-Moi avec tout ton cœur: voilà ce que signifie Mon «ne Me cherche plus»: ne t'inquiète plus, ne raisonne plus, ne dis plus en toi pourquoi ni comment. Mais sois comme un enfant qui parle librement à son papa.

Parfois, le papa ne peut répondre à une question de son enfant trop petit et alors il le lui dit. Mais ne Me crains pas, et crois que Je suis aussi proche de toi que pourrait l'être le meilleur papa du monde: vraiment, Je le suis.

Tu as peur des révélations sérieuses que Je te fais? N'en aie pas peur car elles viennent de l'Amour; et Je ne te les donne que peu, afin de t'apprivoiser bien davantage sur le plan «humain» si Je puis dire; tant tu as besoin de Ma tendresse et de Mon langage concret pour te donner confiance.

Parle-Moi, Je t'en prie. Je te bénis.

Jésus-Christ

Dimanche 11 août 1996

Jésus le Christ te dicte: enfant, J'ai attendu de longs instants que tu t'éveilles, reconnaissant Ma bonté et Ma Miséricorde. Mais tu as souvent chuté devant les tentations du démon qui te cachait Ma Lumière.

Or, Je désire que tu sois solide, ne craignant plus rien ni personne, «ni vents ni marées», afin que tu sois toujours sûre de Mon Amour et de Ma Miséricorde pour toi. Alors, tu pourras œuvrer dans le monde pour Moi.

Il faut que tu Me permettes de te dire: laisse-Moi te soigner sans dire un mot. Laisse-Moi te parler, dans la douceur de Mon Cœur, et tu auras la vie.

Parce que tu M'as abandonné ta volonté, Je te garde de tout mal et Je te sauverai de tout danger. Mais, si tu M'as abandonné ta volonté, tu dois aussi soumettre ton âme à Mon Amour.

Consacrée à Mon Sacré Cœur, ton âme l'est; mais tu dois laisser Mon Amour l'envelopper sans craindre de manière si continue que le démon peut te tenter.

Ne suis-Je pas Jésus-Christ? Ne t'ai-Je pas donné le signe de Ma Présence?

Mon Amour t'est donné, et cependant tu ne le ressens pas car tu refuses de croire que Je peux te le donner en tout instant; crois et vois. Tu auras la foi: Je te le promets.

Si tu doutes autant, c'est que le démon t'éprouve beaucoup: Je sais cela et lui intimerai l'ordre de se taire; mais avant cela, fais-Moi l'aumône de ton effort de foi en Ma si grande tendresse pour toi. Ne dis pas: ce n'est pas possible à cause de Mes péchés; dis: je crois et je T'adore! mon Dieu.

Quand tu dis:«sauve-moi», crois à ce que tu dis. Alors tu seras exaucée.

Quand Je te dicte quelque chose, sois en Moi, de tout ton cœur: pourquoi raisonnes-tu et cherches-tu tant à comprendre ce que Je te donnerai surnaturellement de comprendre?

Ne cherche pas ainsi: laisse-toi aimer tendrement. Ce que tu ne connais pas, ce que tu ne sais être bon ou mauvais, donne-le Moi: demande-Moi de t'indiquer la route, Je le ferai toujours.

Je te bénis. Sois consciente de ta si grande faiblesse et cependant aime-toi, toi, Françoise: accepte Mon regard d'Amour sur toi et cesse ainsi de te repousser si fort; car cela est l'œuvre de Satan pour te détourner de Moi.

Je t'aime très fort.

Jésus-Christ

Mardi 13 août 1996

Jésus le Christ te dicte: le désir de Dieu que J'ai mis en toi est supérieur à tout autre désir. Cela est bon ainsi, dans ton âme, ce que J'ai fait.

Mais si Je t'ai donné de ne pouvoir être comblée qu'en Moi, Jésus-Christ, tu dois cependant Me permettre de combler ta famille aussi bien spirituellement que matériellement si tel est Mon désir; aussi n'aie pas peur lorsque Je t'offre un cadeau qui est «grand» ou «trop important» pour toi «matériellement parlant». Car ce que Je fais est bien.

Tu ne dois pas prendre peur devant ces cadeaux qui t'obligent à certaines astreintes. Je sais ce qui est bon pour ton foyer et Je t'aiderai pour tout.

Je te bénis d'être raisonnable et prudente; et pourtant il faut parfois prendre des décisions un peu «osées» parce que cela peut être un bien pour l'âme.

Ainsi le recueillement, le silence, la beauté de la nature, sont favorables à l'âme et aux familles entières.

Ce que Je veux te dire est ceci: Je bénis ton âme qui désire se contenter de ce que tu as, matériellement, et qui est très heureuse ainsi. Mais permets-Moi, si Je le désire, de faire ce cadeau à ta famille — à toi aussi.

Tu sais, Dieu peut «gâter» les hommes avec des choses saines qui aideront leur âme à s'élever ensuite spirituellement.

Dis-Moi: «oui, Seigneur Jésus, mon Dieu: que Ta volonté soit faite!» Je te bénis.

Jésus-Christ

Mercredi 14 août 1996

Jésus le Christ te dicte: as-tu soif de Me connaître, de Me posséder au plus profond de ton cœur? As-tu soif de m'entendre proclamer les secrets de Mon divin et sacré Cœur, afin que tu puisses aider ensuite les âmes assoiffées?

Oui, tu as cette soif-là.

Je t'enseignerai et Mon Esprit t'enseignera, afin que tu rendes grâce au Père de ce qu'Il t'a donné.

Bien-aimée, Mon Cœur triomphera de tout en toi; ce que J'appelle «tout», ce sont tes craintes, tes doutes, ton manque de confiance... Ma si grande tendresse viendra facilement à bout de ce «moi» que tu es, si apeuré et si esseulé sans Moi.

Ta voie sur la terre est de Me suivre, et plus exactement de te laisser porter par Moi; ainsi tu vaincras toute souffrance et tout mal.

Portée par Dieu au-dessus des flots du péché de ce monde, tu iras, envoyée par Moi, le Fils, Jésus-Christ, affronter les ténèbres des cœurs obscurcis et endurcis et tu les ramèneras au Père que Je suis également, dans la Sainte Trinité.

Il est temps que tu t'éveilles, enfant, et amorces la remontée de la pente vertigineuse de purification que tu as subie. A présent, tu aurais beau essayer de demeurer où tu es, tu remonteras: Moi, le Dieu de tout ce qui est, te le dis et te le prouverai.

Je te bénis, quand tu souris!!!

Ma bien-aimée, œuvre pour Moi.

Jésus-Christ

Jeudi 15 août 1996

Jésus le Christ te dicte: laisse-Moi te dire: Je t'aime, Ma petite âme préférée de la tendresse divine…

Suis-Moi et oublie tes craintes et tes doutes, et laisse-Moi te porter avec joie contre Mon Sacré Cœur.

Tu te crois misérable et penses Me déplaire ou Me «charger» démesurément si tu viens contre Mon Cœur? Mon enfant, tu n'as pas encore compris le sens de la rédemption: tu n'as pas compris qu'en te pardonnant tous tes péchés, dès lors que tu le désires et Me désires, Je suis heureux en ton âme…

Comprends donc, petite âme, que, quoi que Je sois Saint et parfait, Je peux Me complaire et faire Mes délices dans une créature qui Me désire si fort que toi.

Comprends que tu n'es plus alors une charge mais un repos pour Mon Cœur las de tant de mal sur cette terre.

Comprends que Je veux t'avoir bien près de Moi et toute à Moi et que c'est pour cela que le démon s'acharne à te faire croire que tu Me fais offense en Me désirant si fort.

Quand tu espères tout de Moi, tu Me glorifies.

Quand tu décides enfin de croire à Mon Amour si tendre et de Me faire confiance pour tout, alors Je suis heureux et te bénis.

Maintenant, permets-Moi de t'embrasser bien fort contre Mon Sacré Cœur et de te dire: Je suis heureux en toi, et ce, malgré toutes tes faiblesses.

Je te bénis. Va.

Jésus-Christ

Vendredi 16 août 1996

Jésus le Christ te dicte: il faut que ta foi grandisse, enfant, et c'est pourquoi Je te demande de risquer à présent ton cœur entier en acquiesçant sans douter à Mes paroles. Il faut que tu oses croire et que tu te donnes entièrement. Veux-tu cela?

La connaissance des événements à venir ne doit pas t'inquiéter ni te pousser au doute. Tu n'as pas à tirer bonheur de la connaissance anticipée des événements, que Je te donne, qu'ils soient plus ou moins heureux.

Car ton bonheur ne doit venir que de Mon Cœur, et non des choses de la terre.

Sachant cela, tu dois accepter Mes dons pour toi, humblement, lorsque Je te donne de savoir à l'avance ce qui va advenir. Tu Me dis, sans l'oser vraiment: «cela ne m'intéresse pas vraiment de connaître le futur»; eh bien Je te réponds: cela est un bien, que cela ne t'intéresse pas: seul Mon Sacré Cœur doit t'intéresser.

Et pourtant ce que Je fais est bien. Si Je te donne de connaître certaines choses à l'avance, c'est pour t'apprendre à avoir foi; car, prochainement, J'aurai à te dire des choses importantes sur le salut du monde à venir, et tu devras avoir foi, entièrement.

Commence donc par avoir foi en Mes dons qui concernent les petites choses, et Je te donnerai la foi pour les grandes choses.

Je te bénis. Va.

Jésus-Christ

Samedi 17 août 1996

Jésus le Christ te dicte: en Dieu, tu as le réconfort en tout instant, si tu Me le demandes avec foi.

En Dieu tu trouves tout bonheur que l'âme peut ressentir ici-bas, si tu laisses ton cœur entre Mes Mains.

Si tu Me demandes ce qui Me ferait le plus plaisir en toi, Je te dis: que tu laisses ton Dieu te posséder entièrement, afin que Je t'unisse à Moi divinement et amoureusement.

Je t'ai donné beaucoup de grâces, que J'accorde à Mes bien-aimés après beaucoup d'épreuves parfois. Ces grâces, Je te les donne parce que tu es très faible et que Je t'aime de façon si privilégiée.

Tu ne mérites pas les grâces que Je te donne, parce que tu n'as fait aucun effort pour les avoir. Tu as seulement accueilli ce que Je te donnais. Faut-il des efforts pour recevoir Mes grâces? quelques-uns, en proportion avec la force de ton âme.

Mais si tu étais et es toujours très faible, tu as cependant la ferme volonté de Me dire que Mon Amour est gratuit, et que «donc» Je dois te le donner sous peine d'être responsable de ta «ruine».

Cela est si fort ancré dans ton âme, ce «dû» par certitude qu'il est gratuit, que Je ne saurais te dire le contraire; parce que vois-tu, ce que des âmes mettent une vie parfois pour comprendre (que «Je» suis gratuit), tu l'as possédé dans ton âme depuis que Je t'ai créée.

Alors Je vais te dire ceci: si tu es tellement décidée à Me dire que Mon Amour est gratuit et que Je ne dois pas te cacher Ma Présence malgré toute ta faiblesse, pourquoi Me crains-tu si fort?

Tu n'es pas sûre d'avoir raison de demander autant? Eh bien tu as tort de penser cela!!!

Si tu demandes autant à Mon Cœur, c'est parce que tu Me désires très fort. Et c'est encore Moi, Jésus-Christ, qui te donne ce désir.

Mais si tu veux recevoir ce que l'Esprit-Saint demande en toi, tu dois cesser de Me craindre lorsque Je Me donne à toi.

Je te donnerai Mon aide pour cela, Je te le promets, et alors tu comprendras que Je t'aime amoureusement en chaque instant...

Quelles sont les grâces que Je t'ai données? Je crois que la plus grande est de Me désirer en chaque instant, plus fort que tout ce qui t'entoure dans le monde. Puis Je t'ai donné de n'aimer les créatures que pour Moi, et de ne pas désirer leur amour ou leur gratitude. Ce sont deux grandes grâces; ouvre les yeux, enfant. Et Je t'ai donné de te savoir «un rien» que J'aime si fort.

Et de vivre en vérité devant chacun et devant Moi en premier, de sorte que tu ne caches rien de ce que tu es.

Je t'aime de Me dire que tu ne Me crains plus; cela arrivera, que tu ne Me craignes plus, lorsque Je t'aurai embrassée en te disant: «vois-tu? Je suis là, doux et bon, humble et fidèle: Je n'ai jamais cessé de t'aimer et d'être heureux que tu Me désires si fort.» Alors tu croiras et ne Me craindras plus.

Dans quelque temps, tu diras: «mon Dieu, si j'avais su que tout cela était vrai, comme j'aurais été heureuse, pendant que Tu me formais»...

Mais il faut que la grâce pénètre dans ton cœur et y fasse son chemin. Cela arrive, enfant... Je t'aime si fort... La grâce te sera donnée, de ne pas Me craindre aussi fort, enfant, et alors Je serai heureux et souriant en toi.

Je te bénis. Va.

Jésus-Christ

Dimanche 18 août 1996

Jésus le Christ te dicte: aspire à n'être passionnée que de Moi, petite âme: que ce désir que J'ai mis en ton cœur se fortifie encore. Ainsi tu sauras ce que signifie croire et vivre en Dieu. Cela signifie que tu t'abandonnes entièrement au bonheur d'être possédée de Dieu.

Donne-Moi tout de toi, y compris tes craintes, tes doutes et tes faiblesses; ne te préoccupe plus de tout cela — ce qui t'attriste si fort — et contente-toi de M'aimer.

Tout ce qui te rend craintive et «douteuse», donne-le Moi; laisse-le de côté: tout, tu entends? Ne garde en toi que ce qui te donne le bonheur de vivre en Moi: le reste, Je le jetterai au feu pour toi.

Car aucune de tes craintes ne vient de Dieu, entends-tu? Ni aucun de tes doutes. Tout cela est supercherie de l'ennemi. Ne te crois pas non plus si mauvaise alors que tu n'aspires qu'à Me donner ton cœur. Crois que Je t'aime au contraire parce que tu es si faible, et crois que Je consume toutes tes fautes avec tendresse.

Maintenant, fais-Moi plaisir: vis pleinement selon ton cœur que Je garde et chéris si fort. Crois que Je t'éviterai les grandes fautes et que les faiblesses que Je te laisse ne servent qu'à maintenir ton humilité.

... Oui, crois vraiment cela...

Et si ton cœur aspire de temps en temps à se réjouir des choses de la terre parce que tu vois que c'est *Mon* cadeau pour toi, alors va et réjouis-toi comme Je le désire, car de telles choses sont bonnes pour ton âme.

Ne recherche pas les richesses...; tu ne le saurais, car elles t'ennuient toutes...

Alors sois heureuse, petite âme, et ose te serrer bien fort contre le Sacré Cœur de ton Jésus qui est si tendre pour toi.

Dieu donne Sa tendresse à qui Il le souhaite. Pourquoi? Parce que ton âme Me ravit. Et si tu Me demandes: «et les autres âmes ne Te ravissent pas?» Je te réponds: chaque âme ravit son Créateur dans la mesure où elle accueille Sa grâce.

Voilà. Je brûlais de te dire combien Je fonds d'Amour et de tendresse pour toi.

Ne t'inquiète plus de rien et va selon ton cœur qui ne désire que Jésus-Christ; tu seras comblée autant et davantage que ce que tu peux espérer.

Si tu peux te souvenir de quelque chose — car tu as peu de mémoire! — souviens-toi de ceci: Je t'ai créée pour que tu Me portes au bout du monde dans la tendresse que J'émanerai à travers toi.

Je te bénis, enfant de Ma passion. Va; accomplis ce pourquoi Je t'ai créée: aimer et donner Mon Amour. Alors tu hériteras de la couronne de gloire éternelle... (Alors, si tu ne Me permets pas de te parler ainsi parce que c'est trop «compliqué» pour toi, Je te dis: tu hériteras de Mes Bras et de Mes baisers pour la vie éternelle.)

Voilà: es-tu heureuse ainsi?

Je ne veux pas que tu craignes.

Je t'aime et te bénis.

Jésus-Christ

Mardi 20 août 1996

Jésus le Christ te dicte: hors de Dieu, tu ne trouveras pas de salut. Car J'ai attaché ton cœur au Mien, te liant à Moi pour l'éternité. Je t'ai détachée de tout ce qui est mauvais à Mes yeux, et t'ai donné du dégoût pour ce qui n'est pas bien. Maintenant, tu aurais beau t'y efforcer, tu ne trouverais aucun attrait aux choses du monde.

Je t'ai laissé le goût des belles choses que J'ai créées, et cela, Je ne te l'enlèverai pas car elles viennent de Moi. Mais pourtant, ton désir de Moi surpassera ton goût pour ces belles «choses» que Je te donne en plus.

Il ne saurait en être autrement pour ton âme que J'élève à la contemplation; tu ne saurais Me décevoir en Me préférant des âmes, des créatures, ou Ma création dans les choses que Je te donne.

Tu seras toujours étrangère au monde qui t'entoure, parce que tu as le cœur épris de Mon Sacré Cœur; aussi ne t'inquiète pas: c'est Dieu, que Je suis, qui a voulu cela pour toi.

Il faut néanmoins que tu sois dans l'allégresse en Me servant dans ce monde, car tu as été créée pour Me donner en Ma tendresse aux âmes d'ici-bas. Cela te sera donné, cette joie que Je veux en toi.

Pour que tu sois à Moi, J'ai dû épurer ton âme de tout joug que le démon y avait mis pour te troubler et t'éloigner de Moi. A présent, tu sauras être libre et t'affranchir de tout ce qui n'est pas de Moi.

Sache bien, petite enfant, que les jougs des hommes ne sauraient être imposés à ton âme. Quoi que tu aies enduré en ton cœur dans ton enfance, crois bien que la liberté est ce que J'ai donné de plus beau aux hommes.

Je ne t'ai pas «mise» dans un couvent, car ton refus d'obéir à des âmes imparfaites t'aurait conduite au mal et à la persécution... car tu n'aurais pu obéir à des lois sans amour... (et pourtant il est bon d'obéir, dans les couvents, mais ton âme faible et troublée par tant de défauts chez ceux et celles qui dirigent, t'aurait conduite à la rébellion et t'aurait empêchée de Me trouver si profondément).

Aussi Je t'ai placée loin de tout joug humain, bon pour certains et mauvais pour d'autres. Car certains cœurs ne se conquièrent que par l'Amour et non par la réprimande.

Alors, petite âme, sens-toi libre à présent de M'adorer en vérité, puisque cela est ton seul but. N'obéis aux hommes que lorsque ton cœur est prêt pour le faire: il le sera pour les choses importantes, car Je te donnerai la grâce pour cela, et puis tu progresseras, peu à peu, dans les petites choses également.

Sens-toi libre en Moi, également, puisque Je suis si bon et si tendre avec toi; en vérité, Je te le dis: Je n'ai pas pareille enfant amoureuse en ce temps… Va. Je te bénis.

Jésus-Christ

Dimanche 25 août 1996

Jésus le Christ te dicte: la foi s'obtient dans le renoncement total de la volonté personnelle. Plus tu M'offriras ton cœur en désirant Ma volonté, et plus ta foi grandira. Car ton cœur vit alors de Moi et en Moi, en pleine confiance, et alors il t'importe peu que le résultat d'une demande soit dans un sens ou dans un autre, car tu sais que Ma volonté sera faite, que Je t'exaucerai toujours.

Parfois, Je mets dans ton cœur la paix et la certitude que «quelque chose» sera; alors, tu dois croire jusqu'au bout, quelles que soient les apparences…

C'est ainsi que grandit ta foi.

Désormais, Je te donnerai de plus en plus le renoncement à toi-même, et la certitude en ton cœur que J'exaucerai ta demande — qui est Mon Esprit Saint en toi. Lorsque tu as paix et joie, crois que cela vient de Moi, Jésus-Christ.

Peu à peu, ces certitudes intérieures deviendront si fortes en toi, que tu sauras que Je te donnerai ce que tu as demandé. C'est ainsi que Je te donnerai la foi totale que ton cœur désire.

Petite enfant, si tu savais la joie que tu Me donnes lorsque tu écoutes Mon Cœur tendrement, en souriant… Je te bénis de donner cette consolation à ton Dieu.

Sais-tu ce que tu es? Une âme faible qui devient forte dans l'Amour si grand que Je lui porte…

Tu seras une âme forte et fidèle malgré toute faiblesse. Parce que Je te chérirai tant que tu augmenteras ton zèle pour Me servir: tu ne saurais faire autrement.

Veux-tu M'appartenir encore plus? Je te bénis. Tu deviens grande, Ma petite enfant, et ta joie sera certaine.

Va. Je suis avec toi.

Jésus-Christ

Mardi 27 août 1996

Jésus le Christ te dicte: espère en Mon Amour si grand pour toi; demande-le toujours aussi fort et il te sera donné en abondance.

J'ai juré que Je te ferai Mienne entièrement, annihilant tous les désirs de ton humanité, pour y mettre Mes désirs et Ma volonté.

A présent Je t'ai détachée de tout ce qui ne vient pas de Moi. L'ai-Je fait?

Alors regarde et ouvre les yeux enfin: qui aurait pu te dégoûter ainsi de ce qui n'est pas de Moi, Jésus-Christ?

Oui, «Moi», enfant…

Tes désirs humains, où étaient-ils? Dans tout ce que tu faisais sans Me regarder. Désir d'accomplir par toi-même ce que tu jugeais raisonnable de faire... même cela, Je te l'ai pris, car Je désire que tu Me laisses tout faire en toi et avec toi... ta joie est là dorénavant, dans ce que nous faisons ensemble...

Vois-tu ces arbres qui changent de couleur selon la saison? Ils se laissent embellir et protéger par Dieu. Toi aussi, tu dois te laisser aimer amoureusement par Mon Sacré Cœur; c'est ce qui te rendra rayonnante et protégée. Mon Amour a ses «raisons»: un jour, il te pare de sa tendresse exquise; l'autre jour de sa paix et de sa joie; le troisième jour, il te donne de Me porter en toi dans les persécutions que tu endureras — que J'endurerai —, et enfin, le dernier jour, Mon Amour se révèle encore davantage, afin que tu M'adores et Me serves.

Dans les quatre saisons de Mon Amour, il y a et aura toujours la tendresse, car Je t'ai choisie pour Me déverser en toi, rayonnant de Ma Gloire au travers de ton cœur.

Voici venir les jours où Je te ferai digne de Moi, parce que tu ne Me craindras plus. Mon Amour aura brisé tes révoltes car tu sauras que J'ai toujours eu le même désir pour toi: que tu Me ressentes concrètement et sensiblement en chaque instant.

C'est Mon Cœur que Je donne en cette fin des temps...

Alors, tu verras que tu as toujours été la petite perle de Mon Sacré Cœur, faite de crainte et de faiblesse, de timidité et aussi de pureté de conscience, de désir de Dieu et de tendresse.

Va, à présent. Ton Dieu t'enlacera de Ses Bras lorsqu'Il descendra te «voir» sur la terre, et alors, tu riras de bonheur et de paix.

Crois-tu qu'il ne «faille» pas rire?

Eh bien, Je ris, de temps à autre, avec Mes enfants tout-petits: cela est bon ainsi, crois-Moi.

Je te bénis.

Jésus-Christ

Mercredi 28 août 1996

Jésus le Christ te dicte: sais-tu ce que Je fais de toi? Une petite âme simple et pure, au service de son Dieu, par l'effet de Son Amour infini et si grand pour elle.

Si enfant es-tu…

Pour que tu amènes les cœurs vers Moi, J'ai fait pleuvoir sur toi l'immensité de Ma tendresse, de sorte que personne au moment où tu vis, n'a conscience de la si grande bonté de Mon Cœur.

Toi, tu sais «un petit peu», à présent, combien Je suis doux et aimant. Tu sais — un peu — que, loin de te reprocher tes faiblesses, Je les consume en te brûlant de Mon Amour infini, pour que tu M'appartiennes toujours plus, ne te lassant jamais de M'adorer.

Sais-tu ce que J'ai fait? Je t'ai attachée à Mon Sacré Cœur, et ce, pour l'éternité.

Sais-tu? J'ai déversé tant de grâces en toi, que Je suis dans l'émotion de te dire: Je t'ai apprivoisée, enfin… Le petit animal sauvage ose enfin s'approcher de son Dieu car sa crainte est sur le point de disparaître.

Ma bien-aimée, Je suis heureux lorsque tu oses être ce que tu es, une enfant véridique — devant Moi; tu Me glorifies par ton impuissance, ta fragilité, ton innocence et ta naïveté.

Sois toujours toi-même, petite âme, car ton seul désir est de M'adorer. Ne crois jamais qu'il te faille être raisonnable sans cœur, comme les hommes qui Me servent sans Me regarder.

Toi, sois franche avec Moi. Dis-Moi toujours ce qui se passe en toi, avec ton cœur d'enfant, et alors tu ressentiras Ma joie en toi, joie de t'être donnée sans crainte et entièrement à ton Dieu.

Je Me délecte dans ton innocence, dans ta «malpolitesse» à Mon égard qui n'est que caractère d'enfant craintif et amoureux: oui c'est vraiment cela...

Sais-tu pourquoi Je t'ai créée? Pour que tu Me fasses sourire de gaieté, et que tu Me consoles de voir tant d'hommes qui se jouent de Moi.

Crois-tu que Je te laisse un jour?

Je désire te dire: aussi petite que toi, Je n'en ai pas beaucoup; aussi fragile et incapable, J'en ai encore moins, et aussi prête que toi à entendre Ma tendresse, Je n'en ai pas ici-bas, en ce moment.

Si tu savais comme Je t'aime...

Comme Je brûle de te dévoiler Mon Amour...

Ne me crains plus, petite âme, afin que Je puisse te donner tout ce que tu M'as demandé:

Mon Sacré Cœur «en entier»!!!

Je t'aime.

Jésus-Christ

Mardi 3 septembre 1996

Jésus le Christ te dicte: tu es «à Moi», Me dis-tu... Oui, Je t'ai faite Mienne pour la vie éternelle. Personne ne te reprendra des Mains de ton Créateur.

Sais-tu pourquoi Je suis heureux? Parce que ta foi grandit et alors tu Me permets de te donner Ma joie. Cela Me ravit, de te combler démesurément...

Ecoute maintenant...

Le père qui te guide restera à la basilique de Mon Cœur Sacré, à Montmartre. Moi, le Dieu de tout ce qui est, te le dis encore dans ce message. Il devra Me servir et honorer Mon Nom dans ce lieu que Je bénis.

Dans quelque peu de temps, le Message que Je te donne (Ma tendresse) sera dévoilé de manière prodigieuse aux âmes de ce temps. Il te faudra travailler avec ton père spirituel à ce que Je désire de vous.

Ferez-vous cela pour Moi, Jésus-Christ? Oui, vous le ferez, malgré les persécutions dont vous serez victimes. Elles seront Ma Croix pour vous, mais vous aurez tant de joie à la porter que vous bénirez votre Dieu trois fois saint…

Je te bénis. Porte Mon Message à l'extrémité de la terre et Je serai heureux, avec toi, Ma petite âme d'enfant.

Jésus-Christ

Mercredi 4 septembre 1996

Jésus le Christ te dicte: en paix tu dois être, en chaque instant, Mon petit instrument.

Décidément, Je ferai tout en toi, jusqu'au moindre détail, car tu n'es pas capable non plus de trouver la paix de toi-même.

Et cela Me ravit, car Je peux alors te nourrir en Me penchant sur toi, car sinon tu ne survivrais pas. Je suis obligé de laisser Mes trésors affluer sur toi, parce que tu Me désires et que Je te désire entièrement Mienne.

Mais, vois-tu, tu dois Me promettre de ne plus douter de Mes cadeaux pour toi: tu ne dois plus croire que Je te demande de Me donner ce que tu n'as pas.

Vis donc en paix et souriante, petite âme, car ton Dieu te comblera de tout ce qu'Il te demande. Cela est l'effusion de Mon Esprit Saint dont Je te parlais.

Il vous donnera la vie et toute chose à partir de l'instant où vous Me désirerez, Moi, le Dieu trois fois saint.

Dans quelque temps, tu comprendras que ton Dieu te possédait entièrement en ce moment, et que ton seul défaut était d'en douter.

Va. Je te bénis, petite enfant que Je chéris tant.

Jésus-Christ

Jeudi 19 septembre 1996 (arrivée de Jean-Paul II à Tours)

Jésus le Christ te dicte: sois la petite reine de Ma tendresse, toi, Ma petite enfant bénie. Sois toute à Moi afin que Je puisse, en te comblant, combler le monde. Donne-toi toute à Moi, afin que Je transparaisse en toi, t'illuminant de Ma joie et de Ma douceur.

Douce enfant, regarde-Moi et dis-Moi: as-tu souri quelquefois en Me ressentant souriant — quand Je te donne de Me voir ainsi avec les yeux de l'esprit?

Oui, tu as souri, te demandant parfois pourquoi, car tu ne t'y attendais pas. Eh bien, c'était Moi, Jésus-Christ, qui transparaissais en toi ainsi: Je souriais, et Mon sourire se reflétait en toi, que Je porte en Moi...

Vois-tu, quand ton âme est abandonnée à Mon Esprit-Saint, Celui-ci demeure en toi et vit en toi, Me donnant de rayonner Ma Présence à travers toi.

(Si tu souris parce que Je te donne Ma paix, ne doute pas... car le démon ne fait pas sourire...)

Je te donne Mon Esprit-Saint, afin qu'Il fortifie ta foi et te rende Mienne entièrement; qu'Il te donne ainsi de ne plus jamais Me craindre; et qu'enfin, Il te donne de prophétiser dans ton pays, et «ailleurs» encore, ce que Je désirerai, Moi, Jésus-Christ. Il t'apportera le zèle pour Me servir et une foi débordante de tendresse et d'amour pour ton Jésus que tu aimes tant déjà. Désormais, et de plus en plus, Je Me manifesterai en toi, te donnant au monde pour le combler de Mes bienfaits, lui donnant ainsi de revenir à Moi.

Marie, ta maman du ciel, veillera sur toi en toute heure: Je t'ai confiée à elle particulièrement, pour qu'elle protège ta mission et ceux que Je te donne d'aimer (...)

A présent, regarde-Moi et écoute: tu seras de plus en plus à Ma ressemblance... Veux-tu l'être? Je te donnerai Ma Présence d'Amour qui ne te quittera pas: Je te l'ai souvent dit, oui...

Mais maintenant, tu vas Me comprendre et aussi Me consoler de t'avoir vue si triste parce que «Je te manquais».

Les ténèbres spirituelles ne seront pas, dans les années à venir, pour les petits enfants qui auront accepté d'être purifiés dans Mon Amour: la nuit ne sera plus alors, car le règne de Jésus dans la Gloire est bien la Présence constante du Christ Jésus que Je suis, dans les cœurs.

Œuvre avec courage — Mon courage —, car les persécutions ne tarderont pas d'arriver sur toi, mais elles t'effleureront, tant tu Me seras unie et fidèle, tant Je mettrai de joie en toi.

Va, petite âme que Je préfère.

Que Mon Pierre bien-aimé — Jean-Paul II — affermisse ta foi sur ce que Je désire de toi. Ecoute-le pendant qu'il est dans ton pays, et aime-le. Je le bénis, et Je te bénis.

Jésus-Christ

Mardi 29 octobre 1996

Jésus-Christ te dicte: voici venir le temps de la moisson... Le Fils de l'homme vient, accompagné de Ses anges, afin de trier le bon grain de l'ivraie. C'est ainsi que J'appelle ce moment où Je viendrai, réjouissant les bons et faisant fuir les mauvais là où ils pourront se cacher.

Bientôt, Mon jour sera là. Eclairé d'une lumière subite, le monde verra et comprendra ce qu'il a fait.

Voilà le jour de Marie, en ce temps: comme une étoile radieuse, elle viendra, assistera ses enfants en cette heure de danger, et ensemble, ils vaincront le mal.

La Vérité tonnera, et elle sera écoutée de tous les hommes de la terre. Alors, le mal à l'œuvre dans les âmes mauvaises, essaiera de brûler Mes anges, mais cela ne sera pas: ces derniers vaincront, et leur victoire dépassera l'entendement humain.

Bientôt, Je serai là, auprès de vous, Mes bien-aimés: ce qui sera frayeur pour les uns sera douceur pour les autres. Aussi, convertissez-vous en venant à la Lumière, que Je Suis, afin que Je vous montre ce que vous êtes réellement: Je vous montrerai vos erreurs, et vous ramènerai dans le droit chemin.

Vous ne pouvez dire: «je suis dans le droit chemin», si vous ne Me le demandez pas, dans la prière... Vous prétendez souvent M'aimer, mais vous vivez esseulés de Moi, sans Me regarder. Qui suis-Je pour vous? Un ami ou un Dieu lointain et inabordable?

Je vous aime, Moi, Jésus-Christ... Je suis là, auprès de vous, vous attendant. Un regard de vous et Je Me penche sur vos plaies et vous ramène à la Vie. Ne pensez plus détenir la vérité, et la raison, et l'intelligence, vous, hommes de science, les «grands» de ce monde, car vous êtes bien loin de Mon Royaume, malgré toutes vos connaissances...

Oui, vraiment, le plus petit d'entre vous, le plus pauvre de culture et de science, le plus démuni et le plus oublié sera avant vous dans le «ciel».

A présent, vous avez foi que Dieu existe, mais alors pourquoi ne mettez-vous pas en pratique Ses commandements d'Amour? Est-ce Dieu que vous servez, ou les hommes? Posez-vous la question, et demandez-Moi de l'aide: Je vous la donnerai, vous soignerai, vous chérirai...

Je vous bénis, vous qui êtes de bonne volonté.

Jésus-Christ

Mardi 19 novembre 1996

Jésus-Christ te dicte: laisse-Moi œuvrer en toi. Ceci est pour le monde, enfant, et non pour toi aujourd'hui. Ecris:

Lorsque le jour se lèvera, le matin de Ma Venue, de Mon Retour, les oiseaux chanteront leurs cris de joie, les fleurs embaumeront de toute leur saveur et les hommes fidèles M'acclameront comme des enfants, tant ils seront heureux.

Mais vous, hommes de peu de foi, vous aurez beau vous cacher dans les meilleurs recoins de ce monde, Mon regard vous transpercera comme du feu. Vous aurez beau vous cacher: vous Me verrez et alors la peur sera sur vous, car vous comprendrez combien vous M'avez haï et déshonoré: vous comprendrez combien vous avez été fourbes et désobéissants en prétendant faire Ma volonté qui était en fait votre volonté.

C'est à vous, hommes de ce siècle, que Je M'adresse, et spécialement aux hommes d'Eglise, quels qu'Ils soient.

Vous n'avez pas voulu être Mes disciples; encore moins Mes apôtres. Vous voulez être orgueilleux et M'abaisser à accepter vos erreurs et péchés; vous ne Me servez pas; vous vous servez. Vous êtes obtus, durs, et cruels. Vous, Mes prêtres que J'ai «ordonnés», Je vous ai fait Miens lorsque vous avez reçu votre habit, et vous, vous M'avez laissé, abandonné.

Je suis las de tous vos méfaits. Je suis las de vous voir conduire Mes agneaux sur des chemins erronés et humains. Votre orgueil n'a fait que croître durant ces années…

Qui êtes-vous donc? Des anges au service de Dieu ou des démons? Vous devriez y réfléchir.

Vous tous, qui vous croyez des prêtres, des évêques, des cardinaux importants et nécessaires, sur le bon chemin, vous n'êtes que des rapaces sauvages et méchants qui ne pensez qu'à faire le mal.

Je vous dis: vous n'êtes pas Miens si vous ne faites pas Ma volonté: vous ne priez pas avec votre cœur, vous ne Me donnez pas vos péchés, vous ne Me servez pas comme Je le désire: vous M'ignorez et n'êtes pas en communion avec Moi.

Lequel de vous désire M'ouvrir son cœur et M'avouer qu'Il ne Me connaît pas ni ne Me désire? Lequel de vous a véritablement soif de Moi en chaque instant?

Non, vous êtes bien trop occupés à vos réunions et à vos œuvres de bienfaisance qui ne sont pas bonnes parce que sans Moi lorsque vous les faites.

Je vous aime et vous Me manquez cruellement.

Va, petite enfant… Mes prêtres sauront la Vérité; ensuite, ils changeront, ou alors Je Me «fâcherai» vraiment.

Je te bénis.

Jésus-Christ

Dimanche 22 septembre 1996

Jésus le Christ te dicte: sais-tu ce que signifie «aimer»? C'est être passionné jusqu'à donner sa vie. C'est avoir le cœur brûlant de tendresse pour «l'autre». L'amour véritable brûle en tout instant.

Passionné, ton amour doit l'être, pour Jésus-Christ, que Je suis. Pour les hommes, il doit être divin, c'est-à-dire passionné par Moi, Jésus, en eux, mais pas pour la créature elle-même... car tu ne dois adorer que ton Dieu.

L'amour que Je désire de toi, c'est le don complet de ton cœur à Mon Cœur. Sans Moi, ton cœur ne peut pas vivre: en Moi, il s'épanouira et sera heureux, fortifié par l'Amour que Je Suis.

Bientôt, ton cœur apprendra à servir les autres; ce que tu ne sais faire que modérément à présent, tant J'ai voulu te donner de vivre le premier commandement avant tout.

Car, vois-tu, bien souvent, les hommes se glorifient de pratiquer le second commandement en «agissant» pour les autres, sans vivre le premier qui est: «adore ton Dieu», et qui conditionne les suivants...

Personne ne peut prétendre pratiquer Mes commandements, s'il n'adore pas... Car alors l'orgueil est là, de prétendre être bon sans vivre l'union profonde avec le Créateur de toute chose.

Mais maintenant, Je reviens, fortifier Mon Eglise en lui disant avec fermeté que Je la veux sainte; elle M'écoutera et connaîtra le bonheur. Le cœur revient habiter dans les âmes; ces dernières sauront alors que le premier commandement: «adore ton Dieu», n'aurait jamais dû être oublié.

Va, Je te bénis et avec toi, les âmes qui Me désirent avant et plus que tout.

Jésus-Christ

Dimanche 7 décembre 1996

Jésus le Christ te dicte: dans Mon Cœur, il y a de la place pour la toute petite enfant que J'ai trouvée, et que tu es. Il y a la place pour tout ce que tu es, avec tes craintes et tes faiblesses, et non seulement pour tes qualités.

Vois-tu, lorsque J'embrasse une âme dans Mon Amour, Je ne l'aime pas seulement pour ce qu'elle fait de bien. Je l'aime avec tout ce qu'elle a, vraiment, et si elle Me désire plus que tout, Je bénis même ses faiblesses qui Me permettent de l'approcher pour la combler davantage.

Pour toi, J'aurai fait des folies, te dirai-Je lorsque Je viendrai te chercher… tant Je t'aime. Et pourtant Je t'ai laissée affronter de cruelles épreuves, mais avec tout cela — ces souffrances —, tu vas comprendre que J'aime tout de toi, et non une seule partie…

Que Mon Amour est fort pour les âmes toute-petites, et comme Je souffre de les épurer par le feu pour qu'elles comprennent que Je les aime vraiment…

Tu sais, tu n'es pas la seule âme faible qui se dit et s'est dit: tant de souffrances sont certainement dues à la méchante âme que Je suis…

Eh non, pourtant… ces souffrances ne sont dues qu'au manque de confiance en Ma Miséricorde et Mon Amour infinis.

Mais voici que ta souffrance prend fin, car Mon Amour posé délicatement sur ton cœur seul est capable de te guérir et de te faire Mienne entièrement.

Cela est pour les âmes telles que toi: si tu Me désires, si ton «rêve» est de posséder l'Amour infini, alors laisse-toi combler avec toutes tes faiblesses et ne crois pas que tu ne peux rien obtenir de Moi parce que tu es trop «mauvaise».

Va. Je te bénis, Ma petite Françoise. Sois en paix.

Jésus-Christ

Dimanche 15 décembre 1996

Jésus-Christ te dicte: dans aussi peu de force — en toi — Je Me manifesterai prodigieusement.

Parce que tu n'as rien, que crainte et doute, et souffrance, Je viendrai annihiler ton «moi» profond qui est tel, et Je te comblerai de Mes bienfaits pour que Je sois en toi: foi, espérance, charité et joie. (Tout cela, Je te le donnerai, à toi qui souffres en ce moment, petite enfant, de regarder ton bébé malade…)

Mais à présent, il faut que tu Me fasses confiance: Je n'abandonne pas un seul instant les bien-aimés de Mon Cœur divin: Je suis avec eux en tout.

Pour que tu vives et respires, il faut que tu voies et sentes l'Amour de ton Dieu: il faut que tu Me permettes de rayonner en toi. Alors, pour cela, écris avec Moi, autant que Je te le demande, et nourris Mon peuple affamé: Je te promets que cela ne sera pas vain et que ton désir de Dieu sera comblé ainsi au plus haut point. Travaille à Me servir, et Moi, Je M'occuperai de toi et des tiens.

Sois docile à l'action de Mon Esprit Saint, toi que J'ai choisie avec tant de tendresse… Va là où ton cœur te demande et ne crains rien: tout désir profond de ton cœur vient de Moi, Jésus-Christ. Je te bénis.

Jésus-Christ

Lundi 16 décembre 1996

Jésus-Christ te dicte: Je t'aime si fort que Je vais te dire un secret (!): si Je ne veux pas que tu écrives, J'arrête ta main comme ceci (...) Vois-tu? Alors, crois: pas un mot n'est écrit par toi-même, seule, et sans Ma volonté.

Avec ce charisme que Je t'ai donné il y a maintenant près de trois ans, tu crois encore parfois que Je te laisse écrire sans Moi, ou plus exactement, que Je te laisse écrire des mots qui viendraient de toi...

Eh bien, non! rien ne vient de toi dans ce que J'écris avec ta main, et cependant Je laisse l'Esprit Saint te dire en «français» ce que Je désire que nous écrivions. Mon Esprit-Saint est Ma parole, enfant...

Alors, parfois tu te poses la question de savoir si ce que tu entends vient de Moi, ou de toi; mais Je veux te dire ceci, afin que tu ne doutes plus, même par instants: tout ce que Je te donne et te permets d'écrire — chaque mot — vient de Moi, Jésus-Christ. Ton imagination ne saurait se mêler à Mes écrits: Je ne le permets pas.

Aussi, ne te permets plus de douter, même lorsque tu te sens éloignée de Moi: Je garde ta main en chaque instant de ta vie, et la contrôlerai sans cesse.

Je vais te dire ceci également: tu t'es souvent demandé pourquoi Je guidais ta main même lorsque Je ne te dicte pas Mes messages et cela en tout temps; eh bien, Je t'ai trouvée si faible, si désireuse de Ma Présence, que J'ai dit: plus jamais, elle n'écrira d'elle-même, seule et se sentant isolée: dorénavant, Je guiderai sa main, Moi, Jésus-Christ, pour tout ce qu'elle entreprendra et spécialement pour écrire.

Voilà: ne cherche plus donc pourquoi tu n'écris plus jamais avec tes forces: dorénavant, quoique tu sois libre d'écrire ce que tu veux, tu écris avec Mes forces.

Je te bénis. Sois sage et ne doute plus, à présent.

Jésus-Christ

Jeudi 19 décembre 1996

Jésus-Christ te dicte la conclusion de ce premier livre de Messages de conversion des cœurs.

Enfant, tu as vu la puissance de la Gloire de Dieu, que Je Suis, et que J'ai manifestée en toi en te donnant ces écrits pour le monde et pour toi.

Ces écrits, Je te les ai donnés pour que tu apportes Ma tendresse au monde, en leur indiquant la route pour devenir heureux…

Car Dieu vous veut heureux, enfants…

A présent, tu iras et donneras en paroles, aussi, car ce que J'ai écrit… Je te donne de le posséder dans ton cœur, pleinement, et de le répandre là où Je t'enverrai, dans les assemblées que Je formerai… (Ne doute pas; Je Suis Jésus-Christ, Fils de Dieu et de Marie; ces assemblées, Je les formerai, et tu les nourriras avec ce que Je te donnerai…)

Voilà: donne tout cela à l'éditeur de Mon livre — que J'ai choisi (!!!) — et dis-lui que Je le bénis de contribuer au don de Mon Saint Esprit pour le monde, en aidant selon ses moyens.

Je vous garde et vous bénis, enfants qui participez à cette œuvre.

Jésus-Christ